AF580152

El *ikigai* del dinero

Héctor García y Francesc Miralles

El *ikigai* del dinero

Los secretos para crear riqueza con propósito

Papel certificado por el Forest Stewardship Council®

Primera edición: marzo de 2026

Printed in Spain – Impreso en España

ISBN: 978-84-03-52560-3
Depósito legal: B-1.209-2026

Compuesto en Mirakel Studio, S. L. U.

Impreso en Gómez Aparicio, S. L.
Casarrubuelos (Madrid)

AG25603

Dedicado a las personas creativas
que ponen su ikigai al servicio del mundo

Índice

Los cuatro círculos d[illegible] con propósito ..... [illegible]

Índice

Dinero con propósito 13

1. Cómo definir tu *ikigai* 21

2. Dinero con y sin propósito 25
   Añade valor al mundo 27
   Los cuatro círculos del dinero con propósito 31

3. Historia del dinero 35
   La invención de la moneda 36
   Valor intrínseco *vs.* creencia en el valor de algo 38
   Dinero de papel 41
   El patrón oro 42
   La escritura y las deudas entre personas 44
   Conclusión 45

4. Creencias limitantes 47
   Los filósofos también pueden ser ricos 49
   Dar significado positivo al dinero 52

5. El dinero es psicología 59

6. De niño de la calle a dueño de un café: el poder de la resiliencia y la curiosidad 69

7. Falacias y sesgos 81
   La falacia del coste hundido 82
   La falacia de la escasez 84
   Aversión a la pérdida 85
   El efecto Ikea 87
   Descuento hiperbólico 90
   Sesgo del presente 91
   Efecto anclaje 94

8. El poder de la ilusión 101

9. El dinero es una herramienta, no una meta 109

10. La aventura de descubrirse: el camino de una coreana 113

11. Dinero y felicidad 123
    El deseo mimético 125
    FOMO 129

12. Transiciones 133
    Método 1. Las cuatro fases 134
    Método 2. Ahorros y sabático 136
    Método 3. Tirarse a la piscina 137
    De empleado en empresa de publicidad a mangaka 138
    Honey Loves to Cook 140
    De abogado a escritor 143
    De limpiar cuartos de baño a crear la empresa más grande del mundo 145

13. Murcia compitiendo contra los grandes
de Silicon Valley 149

14. Marcos mentales para ganar sin estrés 157
Mentalidad de abundancia *vs.* mentalidad de escasez 158
Invertir es arriesgado *vs.* invertir es una forma
de libertad 161
Alta agencia *vs.* baja agencia 164

15. Cómo ser un genio del marketing: la latina que rompió
todas las barreras 167

16. La premisa 177

17. Cómo cocinar tu *ikigai*: de un colmado al estrellato 183

18. ¿Cómo puedo vivir de mi *ikigai*? 193
¿Imposible o solo improbable? 194
Si no lo pruebas, nunca lo sabrás 197
Hacerlo en medio de la tormenta 199
La trampa de la utilidad 200
Ikigai para artistas 201

19. Ganarle la partida a la vida con las peores cartas:
el poder de la intención 203

20. El arte de gastar bien y disfrutar del dinero 219
Frugalidad 220
Minimalismo 221
Permitirnos lujos sin derrochar 224
Kakeibo 226
Tu cuaderno *kakeibo* 228

21. El sueño de un ingeniero: los últimos pueden ser los primeros 231

22. El camino iniciático al éxito 245
Descontento inicial 246
El viaje de descubrimiento 247
Encontrar lo inesperado 248
Pensar por ti mismo 249
Dejar ir 251
Un negocio con alma 252
Dejar un legado 253

23. El ritmo de la vida: la pasión de un *sideman* 255

24. Las tres semillas del *ikigai* de Luisito Comunica 263

25. Hacia un mundo lleno de *ikigai* y riqueza 271
El riesgo *ikigai* 271
Ikigai en empresas y organizaciones 278
La pirámide de la felicidad con *ikigai* 280

26. Otra forma de éxito 283
Slow life 283
FIRE 284
La vida sencilla 287

Los 10 principios del *ikigai* del dinero 293
Agradecimientos 297
Bibliografía 299

Dinero con propósito

Según los japoneses, todo el mundo tiene un *ikigai*, lo que un filósofo francés traduciría como *raison d'être*. Algunos lo han encontrado y son conscientes de su *ikigai*, otros lo llevan dentro pero todavía lo están buscando. El *ikigai* está escondido en nuestro interior y requiere una exploración paciente para llegar a lo más profundo de nuestro ser y encontrarlo. Según los naturales de Okinawa, la isla con mayor índice de centenarios del mundo, el *ikigai* es la razón por la que nos levantamos por la mañana.

Ikigai. Los secretos de Japón para una vida larga y feliz

En realidad no quieres más dinero. Lo que de verdad deseas es lo que imaginas que la riqueza te podría conceder.

El dinero sin propósito es tan solo una prisión más.

Lo que anhelas alcanzar es libertad, paz, tranquilidad y seguridad, y sentir que lo que haces beneficia a tu familia y al mundo, es decir, que tu existencia tiene un propósito.

Este libro no te hará millonario, pero te dará claridad mental y riqueza emocional. Porque en el momento en que dejes de perseguir el dinero a ciegas, este comenzará a venir a ti. Tu objetivo no será acumular cifras más grandes en la cuenta del banco, sino despertarte cada día sin preocuparte de lo que digan esos números.

Asimismo, a través de tu relación con el dinero vas a explorar tu esencia; no la persona que finges ser cuando los demás te juzgan por lo que tienes o dejas de tener, sino tu «yo» verdadero, el que ahora sostiene estas páginas y reflexiona sobre la vida.

Desde que en 2016 se publicó nuestro primer libro sobre *ikigai*, un fenómeno mundial que no ha parado de expandirse, nos han llegado miles de mensajes y correos electrónicos. En la mayoría de los casos se relacionaba el propósito vital con el ámbito profesional. Son muchos los que nos confesaron que, en vez de trabajar en algo que les apasiona, se sienten atrapados vendiendo su tiempo por dinero y desean encontrar una actividad que les llene y dé sentido a su vida. Otros ya han descubierto o creado su *ikigai*, pero no saben «cómo vivir de esto». Necesitan un plan, una hoja de ruta que les permita hacer de su pasión el centro de su vida.

Este es el tipo de consultas que nos llegan, y muchas empresas nos contactan para que demos conferencias o talleres sobre estas cuestiones.

Uno de los encargos que nos hicieron nos llevó de vuelta a Ōgimi (Okinawa, Japón), el pueblo más longevo del mundo en el que basamos nuestro primer libro. Fuimos con National Geographic para filmar un documental sobre la longevidad. Durante la grabación, tuvimos oportunidad de reconectar con muchas personas que habíamos conocido en nuestra primera estancia. Fue una alegría ver que casi todos seguían con buena salud. Y también conocimos a gente nueva, entre ellos a Gima, un hombre que cuando cumplió cien años lo celebró conduciendo su moto por las calles de la aldea y que, con ciento seis años, continuaba cuidando de su huerto. Vivía con su hijo de ochenta y cinco años, y vendían en el mercado del pueblo la verdura sobrante que producían.

Mientras ambos regaban las plantas con una manguera, les preguntamos si el huerto era parte de su *ikigai*. Riendo nos contestaron: «¡Por supuesto! El huerto es importante, pero el dinero lo es más».

En efecto, que nadie piense que el dinero no importa. Incluso para estos dos hombres, cuyas edades suman casi doscientos años, los asuntos financieros son una prioridad.

Volviendo al rodaje de aquel documental, días más tarde conocimos a Inada, quien tenía entonces noventa años y contaba con varios récords Guinness por haber sido la persona con más edad en haber completado un triatlón Ironman (3,9 km nadando, 180,2 km en bicicleta y 42,2 km corriendo).

Quedamos para cenar con él en un restaurante, pero antes de venir, como parte de su entrenamiento, por la mañana corrió media maratón y por la tarde hizo 50 kilómetros en bicicleta por las carreteras de la jungla de Okinawa.

Nosotros, que lo más duro que habíamos hecho ese día era pasear por la playa, nos quedamos impresionados al ver la energía que aún tenía a la hora de la cena. Una vez más, el tema del dinero surgió en la conversación: la escasa pensión de Inada no le alcanza para permitirse viajar para competir. Según nos dijo: «Para seguir viviendo mi *ikigai*, necesito que los patrocinadores me financien». Actualmente, Inada tiene ya noventa y dos años y continúa con su pasión. Pronto viajará a Hawái con el dinero de sus patrocinadores para intentar completar de nuevo un triatlón Ironman, superando sus propios récords.

Esta historia nos lleva a plantearnos: ¿cómo financiamos nuestro *ikigai*? O incluso lo podemos pensar al revés: ¿cómo hacemos que nuestro *ikigai* financie nuestro estilo de vida?

La pintora que monta su primera exposición, el músico emergente o quien escribe en su tiempo libre soñando con publicar un libro, todos desean convertir estas actividades en su profesión. Por no hablar de las grandes corporaciones, donde tanto empleados, mánagers y directivos pueden sentirse atrapados en un engranaje que se traga las horas con tareas monótonas a cambio de un sueldo a fin de mes.

Quien se aburre en un trabajo desalentador y siente que el tiempo pasa lento, cayendo grano a grano en un reloj de arena, está totalmente desconectado de su *ikigai*.

En ocasiones no es blanco o negro. Unas veces el tiempo pasa volando y disfrutas de lo que haces; en otras, deseas huir de lo que estás haciendo. Imagina que tienes un sintonizador de *ikigai* en tu interior: tu objetivo es calibrarlo, ajustando tu estilo de vida, tus amigos y familia, tu trabajo, tus hobbies y tu situación financiera, para que se alineen con tu propósito.

Cuando logramos que el propósito vital sea el motor que mueve nuestra vida, todo empieza a cobrar sentido. La creatividad se dispara y el trabajo deja de ser trabajo. Como decía Confucio: «Elige una actividad que te guste y no trabajarás un solo día en tu vida».

Tras rodar con National Geographic en Japón, realizamos

diversos viajes por Estados Unidos, Turquía, Suiza, Grecia y Latinoamérica para dar conferencias y firmar libros. También hicimos varias giras por la India, donde Shashi Tharoor, ex subsecretario general de la ONU, nos acompañó en algunas presentaciones y quedó clara la inquietud común del público.

No importa el tipo de audiencia. En una presentación, ya sea ante líderes de multinacionales o ante chavales de una escuela, la cuestión del dinero surge siempre de forma inevitable. La pregunta más repetida es: «Ahora entiendo la importancia del *ikigai*, pero ¿cómo gano dinero con ello?». En el caso de personas muy prósperas, también surge la pregunta: «¿Cómo uso el dinero con propósito de manera que beneficie lo más posible a la sociedad/mis empleados?».

Los autores de este libro batallamos con estas cuestiones durante años y tenemos experiencia en la combinación del *ikigai* con el dinero.

Héctor trabajó durante quince años en grandes organizaciones: desde el CERN de Ginebra, cuyo corazón es el famoso acelerador de partículas, hasta multinacionales tecnológicas en Tokio, además de participar en proyectos impulsados por el MIT Media Lab de Boston, startups de Silicon Valley como X (Twitter) y otras iniciativas empresariales. Aunque le gustaba su profesión, su verdadera pasión era escribir, algo que hacía en su tiempo libre. Pero no fue hasta que ganó suficiente experiencia como escritor que pudo dar el salto para dedicarse a ello a tiempo completo.

En el capítulo 12, titulado «Transiciones», veremos diferentes métodos para cambiar de rumbo en nuestra vida profesional.

Por su parte, en su etapa como *sherpa* literario, Francesc ha guiado cientos de proyectos artísticos desde cero y los ha llevado al éxito. Entre muchos otros, descubrió a Sonia Fernández-Vidal en una charla sobre física cuántica a la que asistieron una docena de personas. La convenció de que podía escribir para llevar la ciencia, que era su pasión, a millones de lectores que hasta ahora no la habían comprendido. Un año más tarde, *La puerta de los tres cerrojos* vendía sus primeros cien mil ejemplares en España y empezaba a traducirse a todo el mundo. Los editores estaban asombrados de que eso sucediera con una novela de física cuántica «para niños».

A lo largo de este libro veremos unos cuantos de estos «milagros». Tuvimos la oportunidad de conocer, conversar y entrevistar a más de diez personas. En sus historias se percibe un comienzo humilde, o desconectado, donde el sintonizador del *ikigai* todavía estaba sin calibrar. Luego la experiencia se fue ajustando hasta que alcanzaron un éxito que definimos así: ganar dinero con propósito haciendo aquello que nos hace sentir realizados a la vez que aportamos valor al mundo.

¡Enhorabuena! Tanto si ya sabes cuál es tu *ikigai* como si aún lo estás buscando; ya seas el líder de una empresa, un empleado, el propietario de un negocio o un artista independiente, este libro es para ti. Prepárate para hacer despegar tu misión. Además de ahondar en la teoría y aportar ejemplos inspiradores, te daremos herramientas que te ayuden a visualizar y concretar tu propósito para que puedas llevarlo a la realidad y expandirlo con el fin de vivir de ello y beneficiar al mayor número de personas.

Lo que vamos a abordar no es fácil. Pero tampoco hay sueño pequeño para quien decide bajarlo a tierra, ya que desde este momento tu día a día se convertirá en una gran aventura.

¿Y qué puede haber mejor que lanzarse a esa aventura con pasión y propósito?

¡Gracias por permitirnos acompañarte en este viaje!

Héctor García y Francesc Miralles

1

Cómo definir tu *ikigai*

La vida no es un problema a resolver. Necesitas tener siempre algo que te mantenga ocupado haciendo lo que amas mientras estás rodeado de las personas que te quieren.

Ikigai. Los secretos de Japón para una vida larga y feliz

Ikigai es «propósito». Traducciones algo más literales del japonés podrían ser: «la razón para vivir», «lo que merece la pena de estar vivo», «lo que tiene valor en un ser vivo» o «razón de ser».

¿Por qué nos levantamos por la mañana con ilusión, o sin ella, ante lo que nos va a deparar la jornada?

La respuesta a esta pregunta es personal, algo a lo que solo podemos enfrentarnos individualmente. Aunque ningún libro ni nadie nos vaya a solucionar la vida diciéndonos cuál es nuestro *ikigai* o *ikigais*, sí que es posible encontrar inspiración y aprender de cómo otras personas pasaron de la desilusión a la ilusión.

Tanto si te levantas motivado para trabajar, crear, enseñar, liderar o ayudar a otros, como si eres alguien que está ahora en una fase de desmotivación, este libro te ayudará a crear o encontrar tu *ikigai* y a fortalecerlo.

La otra cuestión que trataremos será cómo lograr un estilo de vida en el que el dinero venga a nosotros en vez de tener que perseguirlo. Veremos que alinear propósito y dinero es la mejor forma no solo de ganar más, sino de sentirte rico. Tener una cuenta bancaria bien nutrida pero no saber el significado o propósito con el que te has enriquecido es una receta para la infelicidad. De ahí que haya tantos ricos sobre el papel que son pobres de corazón.

El objetivo de este libro no es engordar tu cuenta bancaria, para eso ya existen miles de manuales. La misión aquí es ayudarte a ganar más dinero con *ikigai*.

Las cuatro preguntas principales que debes empezar a considerar son:

- ¿Qué amas hacer?
- ¿Qué se te da bien?
- ¿Qué necesita el mundo o tus seres más queridos?
- ¿Con qué puedes ganar dinero?

Puedes encontrar diversas respuestas para cada una de estas preguntas, y es posible que las respuestas varíen con el tiempo.

Si visualizamos las preguntas como círculos, en la intersección de tus respuestas se hallarán las pistas que te guiarán hacia tu *ikigai*.

Estos cuatro círculos ya los presentamos en nuestros libros anteriores y siempre nos gusta recordar que son el fundamento en el que se asientan el resto de nuestras ideas. Aquí nos centraremos en la intersección del *ikigai* con el círculo del dinero.

2

Dinero con y sin propósito

Una persona sabia debería tener el dinero en la cabeza, pero no en el corazón.

JONATHAN SWIFT

Quizá te haya sorprendido ver en el prólogo de este libro el binomio «*ikigai* y dinero», ya que son muchos los que piensan en ambos conceptos como si fueran excluyentes.

Cuando finalizan la enseñanza secundaria, al elegir una carrera o una profesión numerosos jóvenes optan por estudiar o formarse en algo que «sirva para trabajar»; es decir, para ganar dinero. Tal vez desearían hacer otra cosa, pero la relacionan con la falta de oportunidades laborales y se decantan por algo más práctico aunque no les atraiga.

Elegir el futuro con ese criterio es un error.

Cuando ganamos un sueldo por realizar una actividad que no nos gusta, el dinero suele verse como una compensación por una tarea que preferiríamos no hacer. El tiempo pasa lento, como cuando íbamos a la escuela a la fuerza, y al salir tenemos el impulso de gastar como premio a los malos tragos que pasamos, aunque sea en cosas que no necesitamos. Esta es la mecánica de gran parte del consumismo, y afecta tanto a trabajos humildes como a los bien pagados.

Un bróker de Wall Street que ha dejado de creer en lo que hace continuará trabajando interminables horas para mantener su elevado nivel de vida. Incluso es posible que se haya endeudado para seguir los estándares de otros infelices de su entorno, que también compensan su sufrimiento con un consumo desaforado.

El dinero que se gana de este modo es un dinero sin propósito, y no solo porque se percibe a cambio de un trabajo que nos provoca fatiga, estrés y hasta dilemas morales. El problema es que la actividad en sí, por la que se nos paga, no tiene un sentido para nosotros. Siguiendo los círculos del *ikigai*, puede que estemos entregando gran parte de nuestra vida a una actividad que no amamos ni nos hace crecer, y que además no sentimos que beneficie al mundo.

Esta clase de dinero está vacío de *ikigai*, motivo por el que nos quemará en las manos. Y el dinero sin propósito, además de ser volátil, consume tu espíritu.

La alternativa es el dinero con propósito.

Aunque al principio ganes menos, si eliges una actividad que amas, te hace crecer y aporta valor al mundo, el dinero que recibas a cambio lo percibirás revestido de una enorme trascendencia. Este es el motivo por el que en Estados Unidos antes existía la tradición de enmarcar el primer dólar ganado con una actividad vocacional, como si fuera una obra de arte. Aquello por lo que pueden pagarte y está unido a lo que amas, se te da bien hacer y el mundo necesita. Es, por lo tanto, dinero con propósito.

Lo que se gana de este modo obedece a la regla *win-win* de la que hablaba Stephen R. Covey en su libro *Los 7 hábitos de la gente altamente efectiva*. *Win-win* se podría traducir como «ganar-ganar»; es decir, una estrategia en la que todos salen ganando y nadie pierde. No hay mejor negocio que aquel que beneficia a todas las partes.

Pondremos un ejemplo del mundo inmobiliario. Si un vendedor realiza su labor sin propósito, puede «colocar» a sus clientes propiedades que tienen defectos ocultos —lo cual generará sufrimiento a posteriori— o que están por encima del precio de mercado. La comisión que se percibe por una venta así es dinero sin propósito. Simplemente, se ha conseguido una cantidad tras lograr una venta. En cambio, si se trata de un profesional ético que se preocupa por el bienestar de sus clientes y es transparente con lo que ofrece, con cada transacción que haga tendrá la satisfacción de que ha aportado valor. Le ha dado al otro «lo que el mundo necesita», teniendo en cuenta además que está facilitando lo más valioso que puede comprar un ser humano: el hogar donde vivirá, verá crecer a sus hijos, e incluso puede que el lugar donde se despida de la existencia.

Si se trabaja desde el propósito, esta será una actividad llena de sentido. Del mismo modo, una persona que siga su pasión más profunda, sea artista, terapeuta, emprendedor o lo que le haga vibrar, siempre ganará dinero con propósito. Otro factor importante es que el dinero con propósito tiende a atraer más dinero.

Añade valor al mundo

Sir Jonathan Paul Ive, más conocido como Jony Ive, nació en 1967 en Chingford, a las afueras de Londres. Aunque en el instituto fue diagnosticado con dislexia, ya desde su adolescencia tuvo claro que quería ser diseñador.

Estudió Diseño Industrial en la Politécnica de Newcastle. Allí, en su época de estudiante, supo por primera vez de la Bauhaus y quedó marcado por uno de los principios fundamentales de esta legendaria escuela de arte alemana: «Un diseño solo debe incluir aquello que sea necesario». Esta ley de la Bauhaus ha acompañado a Jony Ive durante toda su carrera y le llevó a ser considerado como uno de los mejores diseñadores industriales de la historia.

Se graduó en 1989 con honores y obtuvo dos premios remunerados por algunos de los diseños que hizo en la universidad. Con el dinero de estos premios viajó a San Francisco, donde permaneció seis semanas y tuvo la oportunidad de conocer a varios diseñadores.

A su vuelta al Reino Unido, comenzó a trabajar en una pequeña agencia de diseño londinense. Allí ganó experiencia creando productos de lo más diversos: hornos microondas, taladros, inodoros, cepillos de dientes... Los diseños de Ive combinaban funcionalidad, aportando valor a la vida de sus usuarios, y elegancia, añadiendo belleza al mundo.

Aun tratándose de una agencia pequeña, a partir de 1990 Apple pasó a ser cliente de ellos y les encargó varios proyectos. Dos años después, en 1992, Jony Ive fue contratado oficialmente por Apple. Al principio él se planteó rechazarlo porque no le gustaba la idea de tener que mudarse a Estados Unidos, pero terminó aceptando la oferta.

En una conversación con Patrick Collison en 2025, cuando este le preguntó su opinión sobre la vida en el Silicon Valley de los años noventa, Jony Ive respondió: «Se juntaban grupos de personas con ideas afines, impulsadas por valores claramente al servicio de la humanidad, que se reunían en pequeños grupos o en grupos enormes. Además, había un sentido muy fuerte de propósito, y ese propósito era: estamos aquí para servir a la especie».

En Apple trabajó mano a mano con Steve Jobs, creando, entre otras cosas, el iPhone, el primer smartphone de la historia. Se puede afirmar que los diseños de Jony Ive fueron uno de los catalizadores que permitieron a Apple llegar a ser la mayor empresa del mundo por capitalización bursátil.

Su influencia no se limita a Apple. Todos los smartphones y también los *smartwatches* que existen hoy en día, creados por multinacionales de todo el mundo, surgieron de la semilla inicial que sembraron Jony Ive y su equipo en Apple.

Además del esencialismo y el minimalismo de sus diseños, ¿qué es lo que impulsó a Apple a crear tantos productos que son ahora parte de nuestras vidas?

Los productos de Jony Ive mejoran nuestra existencia. Pero ese «valor» va más allá de lo utilitario, de la funcionalidad que nos ayuda a ahorrar tiempo o dedicar menos esfuerzo en hacer algo. Para Jony Ive, el verdadero valor de las creaciones humanas, ya sean productos industriales, obras de arte o platos bien cocinados, se transmite de forma espiritual.

En la misma conversación con Patrick Collison, Jony Ive contó una anécdota que explica la esencia de su pasión:

> ¿Cómo gestionamos un cable que va dentro de una caja? Al diseñar eso, yo sabía que millones de personas interactuarían con esa pequeña lengüeta, y yo podía hacer que desenrollar el cable fuera algo fácil... Creo que lo espiritual está en que, cuando alguien abre la caja y saca ese cable, piensa: «Alguien se preocupó por mí». Considero que eso es algo espiritual. [...] ¿Sabes qué solía depri-

> mirme? Esa idea de que si resolvemos una necesidad funcional, ya está, hemos terminado. Pero, por supuesto, eso no es suficiente. Esa no es la característica de una sociedad evolucionada, de una especie evolucionada. Y esa tarde de domingo, cuando en realidad debería haber estado fuera con mis hijos y yo estaba dándole vueltas a cómo empaquetar un cable, sentí una conexión, una emoción, porque alguien iba a experimentar algo que todavía ni siquiera sabe que existe. Y aunque era una cosa pequeña, realmente venía de un lugar auténtico de amor y de cuidado. Steve Jobs hablaba de esto. Quiero decir, él lo decía con mucha más elocuencia que yo, pero hablaba de que, cuando haces algo con amor y con cuidado, aunque no conozcas la historia de la persona para la que lo haces, y ellos no conozcan la tuya, y jamás llegues a darles la mano, cuando usan el producto que tú creaste [...] Steve lo expresó de una forma que me pareció muy hermosa: dijo que era una manera de expresar nuestra gratitud hacia la especie. Y me pareció una declaración increíblemente profunda, hermosa y auténtica.

Es decir, a Jony Ive realmente le importa el usuario de los productos que crea, y piensa incluso en lo que va a sentir cuando saque un cable de la caja en la que acaba de recibir un teléfono nuevo.

Aunque con un estilo radicalmente diferente al liderado por Jony Ive y Steve Jobs en Apple, Elon Musk comparte con ellos la idea de ayudar al mundo.

La filosofía personal de Elon Musk y sus empresas gira obsesivamente en torno al tercer círculo del *ikigai*: «Lo que el mundo necesita». Él mismo ha declarado en múltiples entrevistas que si detecta un problema que el mundo necesita resolver y nadie parece abordarlo, entonces él lo tomará como su responsabilidad, incluso aunque no sepa cómo solucionarlo aún. Esta forma de pensar convierte una necesidad de la humanidad en su propósito personal. Para Elon Musk, hacer algo valioso para el futuro de la humanidad no es una opción, es una obligación moral.

No necesitas fundar una empresa aeroespacial para aplicar esta filosofía. Puedes empezar ahora mismo con una simple pregunta: ¿Qué cosa pequeña puedo hacer hoy que el mundo necesite? ¿Cómo puedo ser útil?

Tal vez consista en hacerle un favor a un familiar o un amigo. Enseñarle algo a alguien. Regar unas macetas o plantar un árbol. Escribir un artículo online en el que compartas experiencias que puedan ayudar a otros. La escala no importa. Lo que cuenta es la intención de servir a otros, de añadir valor al mundo.

> Es profundamente moral trabajar con dedicación para crear productos y servicios útiles para los demás.
>
> ELON MUSK

Los cuatro círculos del dinero con propósito

El fundamento de todo lo que hacemos en la vida consiste en aportar valor al mundo en forma de ayuda a los demás, ya sea directa o indirectamente.

En inglés se usa la expresión *net positive* para referirse al resultado final de algo que se lleva a cabo, es decir, cuáles son los «resultados positivos netos». Por ejemplo, si montamos un restaurante especializado en ensaladas que no llevan salsas con añadidos artificiales, el «resultado positivo neto» es que ayudaremos a la comunidad a estar más sana. O si damos clases de piano o matemáticas, ayudaremos a nuestros alumnos a saber más música o más matemáticas y, en consecuencia, estaremos colaborando a crear una sociedad con personas más educadas.

Tadao Kashio, el fundador de Casio, tuvo siempre presente la idea de crear algo con propósito y que ayudara a cuanta más gente, mejor. Se le atribuye esta reflexión:

> No buscaba lujo. Buscaba funcionalidad. Buscaba propósito. Un reloj que pudiera caerse al suelo sin romperse. Que acompañara al estudiante, al trabajador, al científico. Uno que no brilla por fuera, pero perdura por dentro. Así nació el espíritu de Casio: resiliente, accesible, confiable. Un Casio no solo te dice la hora, te enseña a llegar a tus sueños a tiempo. Ha estado en primeras citas, en entrevistas de trabajo, en viajes, en la oficina y en aventuras. No tiene oro ni diamantes. Lleva historia, visión y propósito. Y por eso nunca pasa de moda. El tiempo es valioso. Merece un reloj que lo respete.

En el mundo empresarial, en una economía saludable, a las empresas que no añaden «resultados positivos netos» de forma coherente no les suele ir bien.

Una empresa comienza a caer en el olvido en el momento en que pierde la capacidad de sacar al mercado nuevos productos y servicios que añadan valor. Para invertir en bolsa, un buen método consiste en preguntarse si la empresa en la que vamos a invertir tiene la capacidad de seguir creando productos innovadores que añadan valor para sus potenciales clientes.

Para un negocio, ya sea un proyecto unipersonal, familiar o una gran empresa, es fundamental crear productos o servicios que sean útiles para la sociedad. Si es algo que no añade valor, no tendremos clientes porque nadie lo querrá.

El valor de un producto puede adoptar muchas formas y estar en su capacidad de entretener, de mejorar un proceso para hacerlo más eficiente o, simplemente, de añadir más belleza al mundo.

¿Será el mundo mejor si este negocio, idea, iniciativa, proyecto, servicio o producto existe, o no? La respuesta está llena de matices, especialmente cuando hay cuestiones éticas en juego. Pero, para nosotros, a nivel personal, nos puede servir a la hora de tomar decisiones cuando iniciemos un nuevo proyecto o queramos virar algo que ya está en marcha y no termina de funcionar.

Una vez que tengamos en mente una solución clara que aporta «resultados positivos netos», producir riqueza será una consecuencia directa de ello. Además, ese dinero tendrá *ikigai*, porque estamos aportando propósito al mundo.

Para ayudarnos a esclarecer el propósito de cualquier idea, ya sea para crear un negocio o dedicarse a determinada profesión, podemos utilizar las siguientes preguntas:

1. *¿En qué y a quién voy a ayudar?*
   Otras maneras de formularlo: ¿Qué es lo que deseo mejorar? ¿Cuál es el problema que quiero solucionar? ¿Quiénes son mis clientes o mi público? ¿Qué aporto cada día en mi trabajo?
2. *¿Cómo puedo ayudar?*
   Aquí debemos especificar algunos detalles del método que vamos a utilizar. Si somos los líderes de una startup o de

una empresa, necesitamos conocer los detalles del producto o productos que queremos desarrollar. Si somos artistas, se refiere a los detalles de nuestra próxima obra de arte. Si somos profesores, habrá que explicar cómo vamos a enseñar.

3. *¿Por qué?*
   Otras maneras de formularlo: ¿Cuál es la razón por la que voy a llevar a cabo esta empresa? ¿Qué me diferencia de otras soluciones, obras de arte, productos que ya existen? ¿Cuál es el *ikigai* de mi negocio?
4. *¿Qué valor voy a aportar al mundo (a los demás)?*
   Una vez que se ejecute la idea, ¿cuál es el «resultado positivo neto» que se añade? ¿Cuál es el cambio a mejor que supondrá para mi comunidad, clientes, audiencia y/o para el mundo en general? ¿Estoy siendo útil?

3

Historia del dinero

> El dinero es una cuestión de creencia, incluso de fe: fe en la persona que nos paga; fe en quien emite el dinero que utiliza o en la institución que respalda los cheques y las transferencias. El dinero no es metal. Es confianza inscrita. Y no parece importar mucho dónde esté inscrita: en plata, en arcilla, en papel o en una pantalla de ordenador.
>
> NIALL FERGUSON

El dinero es, en esencia, un invento humano que cumple tres funciones principales:

1. *Es fácilmente transferible de unas manos a otras*. Permite comprar y vender sin recurrir al trueque.
2. *Unidad de cuenta*. Ofrece una medida estándar para valorar bienes y servicios.
3. *Depósito de valor*. Permite guardar riqueza para el futuro y además es transportable a otros lugares.

En los comienzos de la civilización no existía el dinero y, por lo tanto, estas tres funciones no se podían satisfacer. Para intercambiar bienes y servicios se recurría al trueque. ¿Tienes patatas y necesitas pescado? El gran defecto de este método era que las necesidades de los involucrados en la transacción debían coincidir. Es decir, para conseguir pescado se debía encontrar a alguien que tuviera pesca de sobra y que, además, quisiera nuestras patatas. Por eso, el trueque es ineficiente y limita el comercio.

La invención de la moneda

Para superar algunas de las limitaciones del trueque, ya en la prehistoria comenzamos a utilizar objetos fácilmente reconocibles y duraderos como forma de intercambio, por ejemplo conchas, cuentas de piedra o perlas.

En la antigüedad se extendió el uso de lingotes de oro con pesos estandarizados. También se utilizaron lingotes de plata o cobre, y fueron el método más habitual para almacenar valor y comerciar en las civilizaciones antiguas.

A finales del siglo VII a. C. se acuñaron las primeras monedas. Sucedió en Lidia, un territorio rico en oro y plata donde había muchos orfebres que creaban joyas. Jenófanes, el poeta griego del siglo VI a. C., citado por el historiador Heródoto, atribuyó así la invención de las monedas a los lidios: «Los primeros en acuñar y utilizar monedas de oro y plata».[1]

[1] Fuente: <https://www.britannica.com/money/coin/Origins-of-coins>.

Estas primeras monedas de Lidia eran de electro, una aleación de oro y plata que las hacía duraderas y resistentes; además, permitía establecer equivalencias de valor con otros materiales. Siguiendo la tendencia, en el Antiguo Egipto, alrededor del año 360 a. C., se empezó a acuñar el estatero, una moneda que se forjaba con oro.

Las monedas son fáciles de intercambiar, una cualidad que favorece el comercio. Su utilidad por encima de otros métodos hizo que pronto se extendieran a otros lugares.

En Atenas nació la dracma, una moneda de plata cuyo uso (excepto en algunos hiatos en la historia) duró hasta el año 2002, cuando se introdujo el euro en Grecia.

Otro factor importante de las monedas es que, a través de los símbolos que se acuñaban, se establecía el poder de un soberano en el que muchas personas creían. Al principio se utilizaban símbolos con forma de animales; uno de los más comunes era el león, ya que inspiraba autoridad.

En la época del Imperio romano, las monedas con la efigie de los emperadores sirvieron para unificar pueblos y crear una de las primeras grandes economías de la historia, pues traspasaba sus fronteras.

Una moneda en la que todos creen puede ser un factor unificador, pero también lo contrario. En el momento en que el pueblo deja de creer en su gobernante, la moneda comienza a devaluarse y viceversa.

El denario, la moneda romana, empezó a perder valor en el siglo III d. C. El pueblo, presionado por un gobierno que subía impuestos sin cesar, dejó de confiar en las autoridades. La inflación llegó a tal punto que muchos comerciantes recurrieron al trueque y surgió el mercado negro. El declive de la moneda romana continuó hasta que, finalmente, el Imperio romano desapareció en el 476 d.C.

La devaluación de la moneda y la caída del imperio fueron de la mano. Ahora sabemos más de finanzas, pero en aquella época los gobernantes de Roma no entendían que, con la aparición de las monedas, no se podía seguir con el mismo *modus operandi* basado en «cuanto más, mejor». Es decir, la lógica que aplicaban era: cuanto más oro tengamos, más ricos seremos y, por lo tanto, cuantas más monedas produzcamos, más rico será nuestro pueblo.

Ahora sabemos que esto es una falacia. Si un gobierno imprime demasiados billetes de su moneda, termina empobreciendo a su país.

Valor intrínseco *vs.* creencia en el valor de algo

En la era del trueque se intercambiaban cosas con un valor intrínseco: una oveja sirve para producir leche o carne, y la madera se puede usar para construir.

Sin embargo, con la introducción de los metales entramos en una nueva era, en la que hay una combinación del valor intrínseco con lo que creemos que vale. Por ejemplo, el oro puede utilizarse para crear joyas, el cobre para crear objetos o armas, y son materiales difíciles de destruir. Pero también hay una componente del valor del oro que viene determinada por lo que hoy conocemos como «el mercado». Idealmente, este mercado está regido por, entre otras cosas, la ley de la oferta y la demanda. Si hay demasiado oro en el mercado, su valor cae; si es escaso, sube.

Las monedas del Imperio romano tenían menos valor intrínseco conforme pasaba el tiempo, porque el porcentaje de plata era cada vez menor. Al ser producidas a gran escala y manipuladas en su composición, sufrieron una pérdida de valor global. Desde la aristocracia hasta los comerciantes y el pueblo, todo el mundo dejó de creer en las monedas acuñadas en Roma.

Pensar que cuantas más monedas produzcamos más ricos seremos es una ilusión que se mantuvo durante mucho tiempo. Incluso hoy en día algunos lo creen.

El real de a ocho español fue la primera moneda internacional. Se comerciaba con él en América, Europa y Asia. En el siglo XVI, Carlos I y Felipe II comprobaron cómo un exceso de plata, con el que acuñaron muchos reales de a ocho, hizo que de repente hubiera inflación no solo en territorios del Imperio español, sino que se extendiera también a Inglaterra y a otros lugares lejanos. Carlos I y Felipe II seguían sin entender que el valor de algo no es absoluto y que al emitir más monedas de plata lo único que se conseguía a nivel global era que los precios subieran.

Los problemas derivados de un exceso de producción de moneda comenzaron a verse en el Imperio romano, más tarde en el Imperio español y, desde entonces, han sido una constante (con variaciones en sus efectos) hasta nuestros días. Uno de los ejemplos más recientes es el abuso de las criptomonedas.

El bote de champú de 2.000 euros

Mientras estábamos escribiendo este capítulo, nuestro amigo Dídac Lee estaba de visita en Tokio. Un día le acompañamos a Nakano Broadway, un centro comercial donde hay multitud de tiendas de segunda mano que atraen a coleccionistas de todo el mundo. El director de cine Guillermo del Toro suele visitar esta zona cada vez que viene a Japón en busca de inspiración para sus películas.

Dídac Lee es coleccionista de *Mazinger Z*, y suele venir a Nakano Broadway en busca de figuras y objetos para su colección. En una de las tiendas descubrimos una figura de plástico de Mazinger Z difícil de encontrar. Es una pieza conocida porque en los años setenta era un bote de champú que se vendía en Japón. La cabeza del muñeco tiene un tapón que se abre para que salga el líquido. En aquella época se trataba de un simple bote que casi todo el mundo tiraba a la basura cuando se acababa el champú; es decir, todo el mundo creía que el valor de este recipiente era cero y resulta que casi nadie la conservó.

¿Qué valor puede tener ahora un bote de champú de los años setenta?

Le preguntamos al vendedor y nos dijo que no menos de 2.000 euros. Negociando, logramos que nos rebajara un poco el precio, pero no lo suficiente como para que Dídac se animara a comprar.

Si alguien que desconociese su valor hubiera visto ese bote con forma de muñeco tirado por la calle, lo habría ignorado totalmente. En cambio, los coleccionistas de juguetes *vintage* sostienen la creencia de que este objeto vale miles de euros.

Lo que para unos es basura, para otros puede tener valor. Es una cuestión de creencias.

Dinero de papel

Las monedas romanas poseían una parte de valor intrínseco porque contenían algo de plata, pero en China se dieron cuenta de que podían llevar esa idea más allá. ¿Y si en vez de metales y aleaciones usáramos un trozo de papel?

Los numismáticos consideran el *jiaozi* como el primer billete de papel moneda de la historia. Se usaron durante la dinastía Song (960-1279 d. C.) y, aunque eran emitidos por los comerciantes, estaban regulados por el gobierno. Los *jiaozi* establecían que un deudor pagaría a un acreedor. Técnicamente eran más una «letra de cambio». Llegaron a ser tan populares, pues los utilizaban desde comerciantes hasta campesinos, que se extendieron por todo lo que hoy es la provincia de Sichuan. Su forma de uso era similar a la del billete moderno.

La gente prefería los *jiaozi* porque, al ser de papel, eran más fáciles de manejar cuando se trababa de grandes cantidades, ya que las monedas pesaban mucho. Con el tiempo, el gobierno nacionalizó la producción de los *jiaozi* y estandarizó sus valores y sus equivalencias.

Un trozo de papel no tiene ningún valor intrínseco, pero si todos sostenemos la creencia de que lo tiene y está respaldado por el gobierno, entonces servirá como sistema para comerciar.

Un billete moderno también es, en esencia, una creencia compartida o una promesa entre el gobierno y la persona que lo posee.

Tipo de moneda	Forma de valoración
Objetos, animales, plantas	100 % valor intrínseco.
Metales	Una parte de valor intrínseco y otra de valor basado en creencia.
Moneda	Poco valor intrínseco.
Billetes	El valor se establece a partir de una creencia compartida.
Digital	100 % creencia y confianza en las autoridades emisoras.

El patrón oro

Con la invención de los billetes tampoco nos libramos de los problemas que causaron las monedas. En China también tuvieron inflaciones descontroladas, devaluación de sus billetes y monedas, pérdida de confianza en el gobierno, etc.

En esencia, son problemas cuyo origen está en la falta de valor intrínseco del objeto que se utiliza para comerciar. Para intentar solucionarlos, en 1821 el Banco de Inglaterra introdujo el patrón oro. Es decir, garantizaban que los billetes que emitían podían ser devueltos, y, en ese caso, el banco tenía que entregarte una cantidad determinada de oro en función del valor de ese billete. Se estableció como un derecho: si lo solicitabas, el Banco Central estaba obligado a entregarte el oro equivalente a las libras esterlinas que tuvieras. Este sistema no tardó en extenderse a Alemania, Estados Unidos y otros muchos lugares.

La lógica de este sistema monetario era simple pero poderosa:

- Cada moneda tenía un respaldo en oro, lo que estabilizaba su valor.
- Los gobiernos no podían imprimir dinero libremente, solo la cantidad equivalente al oro que tenían.
- La estabilidad del valor y de los precios generaba confianza en el sistema monetario del país y facilitaba el comercio internacional.

El patrón oro trajo estabilidad, pero por poco tiempo. Los gobiernos enseguida se encontraron con un obstáculo: el crecimiento económico estaba limitado por la cantidad de oro que tenían en sus reservas.

Con la llegada de las guerras mundiales, el gasto militar se disparó y los gobiernos dejaron de respetar el patrón oro; es decir, imprimían más billetes que el oro del que disponían.

Tras la Segunda Guerra Mundial, surgió un sistema híbrido donde solo el dólar estadounidense era convertible en oro, y las demás monedas se ligaban al dólar. Pero solo duró hasta 1971, cuando se abolió totalmente el patrón oro y nació el sistema basado en dinero fiduciario que seguimos usando en nuestros días. La palabra «fiduciario» viene del latín *fiducia*, que significa «confianza». Ya sin respaldo del oro, el valor de la moneda pasó a depender al cien por cien de la confianza en los gobiernos que las emiten y sus economías.

En los billetes del dólar americano está escrito «In God We Trust», que se podría traducir como «En Dios confiamos». Es el lema oficial de Estados Unidos y establece una creencia compartida de confianza. ¿Quien respalda el valor del dólar es Dios, o es la creencia de todos en que el dólar vale algo?

La escritura y las deudas entre personas

Según afirma David Graeber en su libro *En deuda: Una historia alternativa de la economía*, antes de inventar la idea del dinero existía la idea de la deuda.

Incluso antes de inventar la escritura, sentíamos que, al recibir algo, debíamos actuar de forma recíproca entregando algo cambio. Se debate si este sentimiento es un instinto con el que nacemos o es una construcción social, pero los antropólogos están de acuerdo en que la reciprocidad es algo que sentimos cuando convivimos en grupo. Es decir, según Graeber, el concepto de «deber un favor» precede tanto al dinero como a la escritura.

Antes de la aparición de la escritura habíamos desarrollado sistemas de símbolos para realizar el cómputo de algo. Hacíamos muescas en huesos y palos, o dibujábamos marcas con formas simples en objetos de arcilla, las cuales se utilizaban para llevar la cuenta de cosas como, por ejemplo, «tres manojos de trigo» o «cinco tinajas de aceite». Los objetos con marcas se guardaban porque también registraban las deudas.

Estos sistemas primitivos fueron evolucionando hasta llegar a los primeros alfabetos de la historia, como la escritura cuneiforme de Mesopotamia, que al principio se usaba para llevar la contabilidad.

El Código de Hammurabi, uno de los textos legales más antiguos que existen, fue escrito en 1792-1750 a. C. en babilonio antiguo. Contiene un conjunto de 282 leyes, la mayoría inspiradas en la ley del talión. De hecho, la ley 196 establece de forma literal: «Si un hombre le saca el ojo a otro, se le sacará el ojo».

La historia no es romántica. Los alfabetos no fueron inventados porque quisiéramos escribir buena literatura; surgieron por nuestra necesidad de asegurarnos de que las deudas, las obligaciones o los incumplimientos de la ley fueran resueltos.

Según Graeber, la idea del dinero surgió de forma natural conforme se desarrollaban los sistemas de escritura. En un principio no era un medio para almacenar riqueza o intercambiar valor, sino algo necesario para mantener la estabilidad social, sabiendo quién debe qué a quién. Es decir, el dinero era un sistema para establecer relaciones sociales.

El autor también arguye que al estar fundamentado en la emoción humana del «deber», es el causante de muchos de los problemas que asociamos con el dinero.

Los ajustes de cuentas sacan lo peor de la naturaleza humana. La historia y la sección de sucesos de los periódicos de cualquier lugar del mundo nunca están faltos de casos de venganzas, robos, asesinatos o condenas cuya razón de fondo o motivación es el dinero.

Cuando pensamos en el dinero, ya sea porque lo debemos o nos lo debe alguien, porque lo necesitamos y a otros les sobra, porque nos lo merecemos más que otros, sentimos injusticia, celos, codicia, insatisfacción y un largo etcétera.

Conclusión

Nuestra forma de organizarnos en grupos y sociedades, la creación de las civilizaciones e incluso la invención de la escritura están ligadas a la aparición del dinero como herramienta para comerciar.

Sentirse en deuda, pagar una deuda, hacer un préstamo o tomar prestado es algo humano. El deseo de acumular dinero, comerciar y comprar son actividades humanas. También el consumismo exacerbado de los tiempos modernos se alimenta de estas necesidades de la naturaleza humana.

El dinero es un sistema para externalizar deudas e intercambiar productos y servicios en el que casi todo el mundo cree. Esta ficción añade un gran valor a la sociedad, tanto a nivel individual como de grupo. Ha sido esencial para el desarrollo de las civilizaciones, porque simplifica el comercio a gran escala, fomenta la división del trabajo y posibilita innovar e invertir para crear un futuro mejor. Sin él, el progreso humano habría sido mucho más lento.

Al igual que un cuchillo se puede usar tanto para hacer el bien como el mal, el dinero que se obtiene de forma honrada no es igual que el que se consigue de forma ilícita.

Es importante entrenar nuestras mentes para no dejarnos engañar por el dinero, es decir, aprender a ver el trato con el dinero como una faceta más de la psicología.

4
Creencias limitantes

> Muchas personas son apasionadas, pero debido a sus creencias limitantes acerca de quiénes son y lo que pueden hacer, nunca toman acciones para hacer que sus sueños se hagan realidad.
>
> Tony Robbins

El camino más rápido a la riqueza implica la eliminación de creencias limitantes.

En el capítulo anterior hemos aprendido que el dinero es un sistema neutro al que podemos añadirle todo tipo de significados. Muchos de ellos son negativos: «soy pobre y siempre lo seré», «el dinero corrompe», «nos hace actuar de forma irracional», «nos hace ser tacaños y avariciosos», «la riqueza es cosa de ricos», «nos hace sentir insuficientes», «pensar en el dinero hace que nos preocupemos por lo que tendremos o dejaremos de tener en el futuro», «ganar más es absurdo porque nos estresamos pagando más impuestos», «María tiene mucha pasta pero es una infeliz», «Perico es rico solo porque heredó», «simplemente tuvieron suerte, por eso pueden permitirse ese estilo de vida», y un largo etcétera.

Estas creencias sobre el dinero, según el contexto, tienen algo de verdad. Pero, en el día a día, pensar así no nos ayuda en nada. A base de repetir pensamientos negativos, estos terminan transformándose en cadenas invisibles que limitan las posibilidades de lo que podríamos llegar a conseguir. El dinero no lo es todo, hay cosas que no se pueden comprar, pero pretender que el dinero no es importante es absurdo.

Imagina que estás en una habitación a oscuras. Hay una puerta abierta, pero no la ves y tampoco buscas una salida. Estás tan aterrorizado por la oscuridad que ni te mueves. Podrías salir en cualquier momento, pero no lo haces porque crees que estás atrapado.

Eres víctima de una creencia limitante.

La riqueza está al otro lado de la puerta abierta.

Cualquiera puede ser rico, tú también si cambias tus creencias.

¿Y cómo detectamos las creencias limitantes? Sospecha de cualquier pensamiento que te aleje de aquello que deseas si te dice de forma sutil que «no puedes» y no te da una razón objetiva.

Realiza este experimento: escribe algo que quieres hacer pero que no consigues llevar a cabo. A continuación, haz un listado con las razones por las que crees que no puedes; esta es una lista de tus límites mentales.

Eliminar estas creencias no resulta fácil, ya que algunas forman parte de tu identidad como persona. El primer paso para reducir su poder sobre ti es preguntarte: «¿Y si no fuera cierto?». El siguiente paso es sustituir las creencias limitantes por frases que expandan nuestros horizontes en vez de encerrarnos.

Una creencia limitante típica, sobre todo cuando somos jóvenes, es decirnos: «No soy bueno ganando dinero». Hay cierta verdad en ello, pero en realidad lo que sucede es que todavía no somos lo suficientemente competentes. Al faltarnos conocimiento y experiencia, aún no tenemos confianza en nosotros mismos.

Sustituye esta creencia negativa por: «Si gano experiencia y desarrollo mis competencias, seré bueno ganando dinero».

Esta limitación se combate aprendiendo, estudiando, escuchando a gente con más experiencia que nosotros. Con el tiempo, si somos competentes, seremos buenos ganando dinero.

Lo que nos limita no es lo que somos, sino lo que creemos que somos.

Otra creencia limitante extendida hoy en día es que ganar mucho dinero no es moralmente correcto. En otras épocas, ser rico era algo que se admiraba.

Los filósofos también pueden ser ricos

Según la cultura en la que vivamos, ganar dinero puede no estar bien visto por muchos. Por ejemplo, da la sensación de que quienes se dedican a la vida intelectual o a las artes deben conformarse con ser pobres. Esta mentalidad puede crear un bloqueo que nos saboteará constantemente.

Es importante darnos permiso para ser ricos.

Tales de Mileto, filósofo y matemático de la antigua Grecia conocido por el Teorema de Tales y por su filosofía, también tuvo mucho éxito en los negocios.

Aristóteles, en su libro *Política*, cuenta que Tales utilizó sus conocimientos de astronomía para anticipar que al año siguiente habría una buena cosecha de aceitunas. Con esta información, decidió comprar todas las almazaras y prensas de Mileto y Quíos. Cuando se recogió la cosecha, que fue abundante, tal y como había predicho, alquiló las almazaras y las prensas a los campesinos de la región. Gracias a ello pasó a ser el pensador más rico de Mileto.

Los filósofos también pueden ser ricos.

El estoico Séneca era inmensamente rico. Habrá quien piense que el estoicismo aboga por contentarse con lo que tenemos y que, por lo tanto, amasar riqueza está en oposición con los principios de esta filosofía.

Séneca argumentaba que no había ningún problema siempre y cuando la riqueza se hubiera ganado de forma ética y no se mostrara apego emocional a ella. Es decir, debemos exhibir templanza tanto en la pobreza como en la riqueza, y cuando tengamos dinero y propiedades, es importante no convertirnos en esclavos de ellas. En el caso de Séneca, para asegurarse de que su fortuna no dominara su espíritu, a veces pasaba días durmiendo a la intemperie en el suelo y solo comía pan.

Mucho más tarde, en el siglo XVIII, el físico y matemático Isaac Newton también se preocupaba por sus finanzas. Invertía en bonos financieros y en acciones de empresas. Le iba relativamente bien hasta que compró acciones de la South Sea Company. Al cabo de un tiempo las vendió, habiendo multiplicado por dos lo invertido. Unos meses después, al ver que todo el mundo seguía comprando acciones de South Sea Company, decidió volver a comprar. Pero esta vez el valor de la acción cayó en picado y perdió el equivalente a unos tres millones de dólares de hoy en día.

Traumatizado por la experiencia, prohibió que se hablara de la South Sea Company en su presencia y confesó: «Puedo calcular el movimiento de objetos en el espacio, pero no la locura de las personas».[2]

Aunque no le fue tan bien como a Tales de Mileto o a Séneca, es innegable que Newton, además de dedicar su vida a sentar las bases de la física moderna y el cálculo infinitesimal, también tenía tiempo para preocuparse de forma proactiva por sus ahorros.

Algunas de las mentes más brillantes de la historia dedicaron tiempo y energía a gestionar sus finanzas.

¡Date permiso para ganar dinero!

Si trabajas por cuenta propia, cobra por tu trabajo, no regales tu tiempo y tu experiencia a los demás, y sube tus tarifas en función de tu experiencia. Si eres un empleado, pide aumentos de salario según lo que merezcas y, si no te los conceden, cambia de empresa. Si entras a trabajar en una startup o empresa en crecimiento, antes de firmar acuerda un buen paquete de opciones sobre acciones. Si eres el fundador de una startup, apunta a lo más alto y no te vendas barato.

Cuida de tus ahorros e invierte en lo que te sientas cómodo y entiendas: bienes inmobiliarios, terrenos, acciones, bonos, fondos, startups, criptomonedas... Lo importante es invertir en aquello que domines (no cometas el error de Newton).

---

[2] Extraído de un texto actualizado y anotado del clásico de Benjamin Graham y recogido por Jason Zweig en *The Wall Street Journal*: «Could calculate the motions of the heavenly bodies, but not the madness of the people». Fuente: <https://www.businessinsider.com/isaac-newton-lost-a-fortune-on-englands-hottest-stock-2016-1>.

Una de las reglas de inversión más populares de Warren Buffett es: «Invierte en lo que comprendes».[3]

Dar significado positivo al dinero

Olvida todo lo que sabes de temas monetarios. El dinero no significa nada, vamos a jugar a darle significados positivos que nos ayudarán a cambiar nuestra relación con él.

Tienes el poder de resetear.

Empecemos de cero.

Imagina que el dinero son puntos que obtienes en un videojuego.

Son números sin ningún significado, cifras que puedes hacer crecer o decrecer. Desde este punto de partida neutro, establece tus propias reglas y creencias.

Acumular puntos es un indicador de que estás jugando bien, pues en el mundo real ganar dinero es una forma de saber que vas por el buen camino, que estás añadiendo valor a la vida de otras personas. Para ganar puntos en el mundo real, piensa en lo que valoran los demás. Cuanto más contribuyas a la vida de los otros, más puntos recibirás.

Reseteamos otra vez.

Empecemos de cero.

Imagina que el tiempo es dinero.

---

[3] Fuente: <https://www.investopedia.com/financial-edge/0210/rules-that-warren-buffett-lives-by.aspx>. La regla número 8 de la junta anual de accionistas de Berkshire Hathaway de 2019 establece que deben «invertir en lo que conocen».

Ambos son intercambiables: otros pueden comprar tiempo de tu vida a cambio de dinero y viceversa, tú también puedes comprar tiempo. Cuando vas a un restaurante, además de la comida, estás pagando por el tiempo de trabajo de los cocineros y los camareros.

¿Cuánto vale un día de tu tiempo? ¿Y una hora? Estas preguntas son clave si trabajas a tiempo parcial o por tu cuenta, aunque también merece la pena responderlas si eres asalariado. Divide tu sueldo entre el número de horas que trabajaste el último mes y sabrás a cuánto estás vendiendo cada hora de tu vida. ¿Te podrías vender por más? ¿Venderías tu casa por menos de su valor? Recuerda que tu tiempo vale lo que otros estén dispuestos a pagarte. Si nos valoramos poco estamos dañando nuestra autoestima.

Si el dinero es tiempo y el tiempo es dinero, tus vacaciones o un año sabático también tienen valor. El tiempo consumido nunca volverá a ti, pero el dinero que gastes se puede volver a ganar.

Con dinero puedes adquirir tiempo de vida.

El dinero te ayuda a vivir más y mejor.

¿Quieres vivir más o menos?

¿Merece la pena pagar más por algo para ahorrar tiempo? ¿O prefiero pagar menos porque es algo que disfrutaré haciendo yo? ¿Lo disfruto tanto que deseo dedicarme profesionalmente a ello?

Reseteamos otra vez.

Empecemos de cero.

Imagina que el dinero es libertad.

Todos nos hemos hecho alguna vez la pregunta: «¿Qué harías si ganaras en la lotería?». Una de las primeras cosas que la gente suele responder es irse de vacaciones una temporada a algún lugar paradisiaco. Es decir, deseamos tener la libertad de hacer lo que nos dé la gana.

Los más ricos usan un smartphone y un ordenador similares al tuyo. Ser ricos no les da muchas ventajas en algunas cosas; la verdadera diferencia es que pueden hacer lo que quieran cuando quieran.

En inglés se usa la expresión *fuck you money* para referirse a la cantidad de dinero que necesitamos para tener la libertad de decir que sí o que no a cualquier cosa. Dicho de otra manera, es la cantidad de dinero con la que podemos mandar a la mierda a un jefe controlador, echar a un cliente pesado, despedir a un empleado que no aporta lo suficiente, deshacernos de un socio que no añade valor, dejar el trabajo o permitirnos un año sabático sin preocuparnos.

Podemos cultivar la mentalidad del *fuck you money* incluso aunque no tengamos mucho dinero. Por ejemplo: ¿cómo le respondes a tu jefe si viene con un proyecto que crees que es absurdo, pero sabes que para él es importante y se ofenderá si lo criticas? Si te diera igual cobrar o no el próximo mes, ¿cómo le responderías? Otro ejemplo: ¿cómo le respondes a un cliente que sabes que no tiene razón, pero que te va a pagar tres veces más que otros clientes? Si tus respuestas no están condicionadas por la recompensa monetaria significa que tienes una actitud *fuck you money.*

Pero hay gente rica o con poder que no es libre. Un ejemplo son los políticos, ya que no tienen la libertad de decir lo que quieran. La ambición de poder, el dinero o la influencia condiciona su libertad de expresión.

Por eso, cuando vemos a líderes políticos, figuras públicas, CEO de empresas, periodistas, etc., que no tienen miedo a decir la verdad y hablan sin pelos en la lengua, resulta tan refrescante y causa admiración (y también críticas, por supuesto). Aunque no nos guste lo que digan, hay que concederles por lo menos la virtud de tener el coraje de decir lo que piensan.

Richard Feynman, uno de los físicos teóricos más relevantes de la historia, solía decir: «¿Qué te importa lo que piensen los demás de ti?». Su actitud rebelde fue fundamental para sus descubrimientos, por los que recibió el Premio Nobel. De hecho, lo tenía tan presente que el título de uno de los muchos libros escritos sobre su vida es *¿Qué te importa lo que piensen los demás?*

El *fuck you money* también podemos pensarlo en términos de hacer lo que queramos. Hay dos tipos de gente con dinero: los que siempre tienen la agenda libre y los que nunca tienen tiempo para hacer lo que les apetece. Así pues, ten cuidado en tu camino a la riqueza porque el dinero es un arma de doble filo: puede atarte a obligaciones o bien liberarte. No termines siendo un esclavo del dinero, lo que quieres conseguir es que el dinero te libere.

Reseteamos otra vez.

Empecemos de cero.

Imagina que el dinero es un amplificador.[4]

Es como una palanca que, colocada de forma estratégica, te permite levantar miles de kilos. Puedes usar el dinero para amplificar tu productividad comprando un buen ordenador, mejorando el software, adquiriendo un instrumento musical de más calidad o cualquiera que sea la herramienta que utilizas en tu profesión. También puedes centrarte en perfeccionar tu conocimiento y tus

---

[4] También se puede entender como «ventaja»: «Imagina que el dinero es una ventaja».

habilidades pagando por estudios que te harán trabajar no solo mejor, sino de forma más inteligente y creativa. Otra opción, si eres el líder de un negocio, es pensar cómo invertir el dinero pagando a otros para acelerar el trabajo. ¿Merece la pena invertir X dinero para terminar el proyecto Z tres meses antes?

El dinero amplifica tu personalidad y tu forma de vida. Un gilipollas con mucho dinero será un gran gilipollas, pero alguien generoso con mucho dinero será aún más generoso. Si tiendes a derrochar, cuanto más tengas, más malgastarás. Si eres un vago, tenderás a hacer menos. Si eres ahorrador o inversor, más invertirás y, en consecuencia, más ganarás.

Reseteamos otra vez.

Empecemos de cero.

Imagina que el dinero es energía.

Me refiero a energía positiva y felicidad. Imagina una sonrisa en los billetes, en los números de tu cuenta bancaria. Cuanto más ahorras, más te acerca a tus objetivos, más te permite proveer a tu familia.

En numerosos lugares de Asia son muchos los que no solo imaginan, sino que realmente sienten que el dinero es energía. En Japón, cuando hay que pagar en efectivo a otra persona es más educado entregar los billetes dentro de sobres que directamente. En las tiendas y los restaurantes no se llega al extremo de usar sobres, pero tampoco se dan los billetes directamente en la mano; se ponen en una bandejita que suele estar al lado de las máquinas registradoras. Es como si el dinero se depositara en el altar de un templo budista o un santuario sintoísta.

Trata el dinero que ganas y que gastas como si fuera energía positiva. Si lo ganas de manera honrada, estás obteniendo energía que se transforma en felicidad. Si le das dinero a alguien, también le estás transfiriendo felicidad.

Según varios estudios, gastar dinero en otras personas genera más felicidad que gastarlo en uno mismo. En varios experimentos, a los participantes se les regaló una cantidad de dinero y a continuación se les dio la opción de ingresarlo en su cuenta de ahorros, gastárselo en algo para ellos mismos o dárselo a otros. Los que optaron por donarlo reportaron mayor satisfacción que los que se lo quedaron.

La intencionalidad a la hora de regalar o donar también parece ser un factor importante; es decir, si elegimos con cariño a quién le damos el dinero y la razón por la que se lo damos, sentiremos más felicidad que si se lo entregamos a un desconocido.[5]

Reseteamos otra vez.

Empecemos de cero.

Imagina que el dinero es *ikigai*.

El dinero con *ikigai* es señal de que estás viviendo con propósito. Cuanta más pasión tienes por algo, más fácil parece venir el dinero a ti. Pero no todo el dinero es *ikigai*, la forma en que se consigue y se utiliza importa tanto (o más) que la cantidad.

Si ganas dinero haciendo algo que no beneficia a la sociedad y no ayuda a nadie, si obtienes riqueza de una forma que odias para conseguir algo que no te va a aportar nada, entonces vas mal, no estás siguiendo el camino del *ikigai* del dinero.

---

[5] Véanse Dunn, E. W., «Spending money on others promotes happiness», en <https://www.science.org/doi/10.1126/science.1150952>, y Aknin, L. B., «More evidence that spending money on others makes us happier than spending on ourselves», en <https://www.forbes.com/sites/traversmark/2021/06/26/more-evidence-that-spending-money-on-others-makes-us-happier-than-spending-on-ourselves/>.

No pasa nada, puedes corregir el rumbo. Pregúntate: ¿estoy añadiendo propósito al mundo a la vez que obtengo riqueza? ¿Lo que hago para ganar dinero me ayuda a sintonizar con mi *ikigai* o a construir un futuro con *ikigai* para mí y mi familia?

Quizá ahora tengas un trabajo aburrido, pero eso no significa que sea malo. El aburrimiento se puede transformar en satisfacción si tenemos la mentalidad correcta.

El primer paso es saber la razón por la que trabajas.

Si estás ahorrando para un futuro mejor y estos ahorros te acercan un paso más a tus sueños, sentirás que tus sacrificios diarios tienen mucho valor. De repente, vas a trabajar con más ilusión; es el mismo trabajo, pero ahora le encuentras propósito.

Quizá pensar que estás ahorrando para el futuro pero sacrificando el presente no sea algo que te anime. Descubre, pues, otras razones por las que trabajas: para cuidar de ti, para aportar a tu familia, para invertir en un negocio de un amigo…

En el momento en que tienes una razón, ya has encendido la llama del *ikigai.*

El dinero con *ikigai* no es algo que aparezca por arte de magia, tienes que reflexionar y pasar a la acción para que venga a ti. Saber más y tener más habilidades atraerá el dinero con *ikigai.* Tener coraje y no temer equivocarte atraerá el dinero con *ikigai.* Conocer, interactuar y ayudar a otros hará que, de forma directa o indirecta, el dinero con *ikigai* fluya de unos a otros.

Reseteamos otra vez.

Empecemos de cero.

Ahora es tu turno.

Imagina algo positivo, ¡lo que quieras!

¿Qué significado quieres darle a tu dinero?

5
El dinero es psicología

> Sé más amable y menos ostentoso. A nadie le impresionan tanto tus posesiones como a ti. Puedes pensar que quieres un coche lujoso o un reloj caro. Pero lo que deseas es respeto y admiración. Y es más probable que obtengas esas cosas con amabilidad y humildad.
>
> MORGAN HOUSEL

La psicología del dinero, de Morgan Housel, es uno de los libros actuales más influyentes para comprender nuestra relación con las finanzas y el éxito. Este reconocido columnista del *Wall Street Journal* comparte sus reflexiones acerca del tema a través de dieciocho claves, de las cuales veremos algunas.

¿Qué hábitos, actitudes o acciones nos ayudan a conseguir riqueza? Y, más importante aún, ¿cómo podemos conservarla? ¿Qué emociones facilitan mi relación con el dinero?

Ya se ha dicho que el dinero es un arma de doble filo: puede ayudarte a vivir más a fondo tu propósito, pero también es capaz de hundirte en tus mentiras.

En el prólogo de su libro, Housel nos advierte que «tener suerte» con el dinero no tiene que ver tanto con nuestros conocimientos o estudios como con nuestra manera de comportarnos. Podemos conseguir dinero, pero si no sabemos relacionarnos bien con esta energía, lo perderemos antes de darnos cuenta.

Todos conocemos a personas que «queman» el dinero, porque no le dan el valor que tiene y lo gastan compulsivamente como si fuera inagotable, pero no lo es. Esto explica por qué personas ricas se convierten en pobres en algún momento de su vida. Por otra parte, hay personas humildes, sin formación previa, conocimientos o contactos, que han conseguido amasar verdaderas fortunas.

Sorprende porque eso es impensable en el mundo de la medicina, por ejemplo. Alguien sin estudios ni prácticas no puede convertirse en el mejor cirujano, pasando por delante de alguien que se ha formado durante años con expertos.

¿Cómo es posible que en el entorno financiero alguien pueda superar a otro en resultados a pesar de carecer de preparación o de contactos?

Nuevamente, la respuesta está en la psicología. En cuestiones financieras, es más importante cómo piensas y te comportas que lo que realmente sabes. Por eso, insiste Housel, debemos acercarnos a las finanzas desde la psicología.

Veamos diez de los conceptos más interesantes que nos presenta:

1. *Aunque la gente haga locuras con el dinero, nadie está loco*. Actuamos según nuestra experiencia personal, lo que hemos visto y aprendido. Así, el dinero es una ex-

presión de nuestra historia, incluso de nuestros traumas. ¿Sabías que la gente pobre es la que más compra? Si no eres pobre, para ti no tendrá sentido; pero para otras personas sí lo tiene porque forma parte de su historia personal. Y hasta que no comprendas de dónde viene tu relación con el dinero, no podrás liberarte de los hábitos destructivos.

2. *En todo éxito hay una combinación de azar y preparación.* La suerte y el riesgo te recuerdan que en la vida hay fuerzas que no dependen de ti, pero que actúan sobre ti. Hay cosas que escapan a tu control y a veces tienen más consecuencias sobre tu vida financiera que las decisiones que tomas. Es importante estar preparado y tomar buenas decisiones, pero debes admitir que parte de tu éxito depende de la suerte. Y justamente porque existe ese riesgo, que puede hacer que todo gire en un segundo. Si llega el fracaso, el truco para no hundirte es que hayas construido tu vida de forma que una inversión audaz o un objetivo no logrado no puedan arruinarte. Sigue jugando hasta que la moneda caiga por el lado de la suerte. Los resultados no pueden atribuirse completamente a nuestro esfuerzo y nuestras decisiones.

3. *El mayor riesgo es no tener nunca suficiente.* Housel, citando a Warren Buffett, dice que no hay motivo alguno para arriesgar lo que tienes y necesitas por algo que no tienes ni necesitas. La historia financiera está llena de

personas que han fracasado porque, a pesar de tener miles de millones, no tenían suficiente. Se arriesgaron cuando no lo necesitaban solo para tener más. No caigas en este error. Si tienes dinero para cubrir tus necesidades, el autor te propone no olvidar que:

- La habilidad financiera más difícil es conseguir que la meta deje de moverse. No sigas corriendo y, con tu ambición, alejando la meta hacia la que corres.
- La comparación social puede ser tu perdición. Recuerda que nadie puede ganar la batalla de ser el más rico: siempre hay alguien por encima de ti, y alguien por encima de él. No te compares, no entres en esta batalla y saldrás ganando.

4. *La verdadera riqueza es aquella que no se ve.* Para conservar el dinero, hay que ser humilde y austero, tener miedo a perderlo y poner como prioridad no arruinarse. Aquí tienes algunas reglas:

- Evita endeudarte a no ser que sea absolutamente necesario.
- No dependas del dinero de otros.
- Sé conservador a nivel financiero, así permanecerás el tiempo suficiente para obtener intereses. Es mejor una rentabilidad media durante un largo periodo de tiempo que triunfar mucho durante poco tiempo.
- Planifica, para cuando las cosas no vayan como esperabas. El futuro es una incógnita. El mejor plan es

el que sobrevive a esa realidad. Algunas iniciativas fallan no porque no sean buenas sino porque... ¡solo eran adecuadas si las cosas hubieran salido como estaba previsto! Aquí aparece un concepto importante: el «margen de seguridad».

- Sé optimista con tu futuro, pero paranoico con lo que te impide llegar a él. Housel apuesta por el optimismo sensato, que es creer que la probabilidad está a tu favor y que, con el tiempo, las cosas se equilibrarán para dar un buen resultado. Sin embargo, sé paranoico para poder sobrevivir en el presente.

5. *Los errores no impiden tener éxito (al contrario).* Morgan Housel lo explica bien en el capítulo «Cruz, tú ganas». Un inversor puede equivocarse la mitad de las veces y, aun así, ganar una fortuna. De hecho, en los proyectos nuevos es habitual que se fracase al principio. Debemos normalizarlo. No tomamos decisiones correctas todo el tiempo, el progreso es un proceso de prueba y error. Como tendemos a fijarnos en el resultado final, casi nadie habla de los fracasos que preceden a los éxitos de un triunfador. *Todo éxito se basa en un porcentaje pequeño de las acciones llevadas a cabo.* Lo que suceda hoy no es tan relevante; lo que cuenta de verdad es el recorrido total. El inversor y filántropo George Soros dijo al respecto: «Lo importante no es si aciertas o te equivocas, sino cuánto dinero ganas cuando aciertas y cuánto pierdes cuando te equivocas».

6. *No hay divisa más poderosa que el tiempo.* ¿Qué es lo que más feliz hace a la gente? Según el autor de *La psicología del dinero*, poder hacer lo que quieras, cuando quieras y con quien quieras. Y eso, sin duda, también es un camino a la riqueza. De hecho, cuando disfrutas haciendo algo, si te sientes obligado a hacerlo en un horario o de un modo determinado acaba convirtiéndose en un «trabajo». Se pierde el gozo, la libertad y la creatividad. Es decir, deja de ser productivo. Se denomina «reactancia» a lo que experimentan las personas cuando sienten que no están al mando —en el trabajo, en su vida, etc.—, lo cual lleva a otro concepto de moda, el «despido interior», que es cuando tu cuerpo va a la oficina pero tu cerebro y tu corazón se quedan en casa.

   Si pierdes el control sobre tu tiempo, pierdes la alegría de vivir que supone tener buenos amigos, pasar tiempo de calidad con la familia o formar parte de algo mayor como tú mismo, como recoge el gerontólogo Karl Pillemer, tras entrevistar a mil ancianos estadounidenses, en su libro *30 Lessons for Living*. En síntesis: ser dueño de tu tiempo es la mayor felicidad, y eso lo facilita el dinero.

7. *La riqueza es lo que no se ve.* Otra idea interesante del libro de Housel es que la mayoría de las personas juzgan quién es rico o no por lo que ven a simple vista: un coche caro, ropa de marca, una casa de ensueño... Pero en realidad no ven sus inversiones, ni sus ahorros ni sus deudas. Ser verdaderamente rico es no gastar lo que tie-

nes, evitar la tentación de convertir los activos financieros en cosas que los otros vean. Una cosa es ser alguien con dinero, a quienes se identifica con facilidad porque quieren ser vistos, y otra es tener riqueza, que implica autocontrol, renuncia, esfuerzo. Por eso el autor afirma que la riqueza es aquello que no podemos ver. Ser rico es lo contrario de tener dinero y gastarlo. Muchas personas se comportan como si fueran ricas, pero viven a un paso de perder o malgastar su riqueza.

8. *Vive en modo ahorro.* Aprende a ser feliz con menos dinero, de manera que la brecha entre lo que tienes y lo que quieres sea más estrecha. En un primer escalón, hay cosas básicas que todos necesitamos para vivir. En un segundo escalón, cuando esto ya está cubierto, viene cierta comodidad también básica. El tercero ya sería el que incluye el entretenimiento, la formación y mayor comodidad. A partir de ahí todo se dispara. Sencillamente es una cuestión de ego: sé humilde y podrás acrecentar tus ahorros. No necesitas demostrar que eres rico. No necesitas exhibir tu éxito financiero. Housel lo sintetiza con esta fórmula: «Se pueden generar ahorros gastando menos, se puede gastar menos si deseas menos y, si no te importa mucho lo que digan los demás, vas a desear menos».

9. *Asume que nada es gratis.* Housel nos recuerda algo obvio: todo tiene un precio, y no es fácil conocer cuál es antes de tener que pagarlo. En muchas inversiones de

riesgo, la incertidumbre es el coste para conseguir mayores beneficios, ya que va asociada a las oscilaciones del mercado. Si quieres más seguridad, apuesta por los bonos. Por otro lado, cuanto mayor es la rentabilidad, mayor es el precio a pagar en forma de riesgo, es decir, más cerca estás de perder. ¿Estás dispuesto a asumirlo?

10. *El pesimismo tiene mejor prensa que el optimismo*. Aunque de forma intuitiva nos cuesta entender por qué, el pesimismo resulta más creíble y atractivo. Pero ¿qué es el optimismo? Es creer que, a la larga, tienes más posibilidades de obtener un buen resultado. Entonces ¿por qué el pesimismo tiene mejor prensa en el mundo financiero? Hay varias razones:

    - Según Kahneman, el autor de *Pensar rápido, pensar despacio*, porque la aversión a la pérdida es una protección evolutiva.
    - Cuando sucede algo malo en el mundo financiero, puede afectarnos a todos. Nos interesa estar al tanto, tengamos o no acciones, invirtamos o no en bolsa, ya que tenemos la sensación de que también puede hundirnos.
    - Los pesimistas proyectan la situación actual hacia el futuro sin tener en cuenta que el mercado se adapta, ya que esa es una característica fundamental del ser humano. Las amenazas, las dificultades, los problemas son un acicate para buscar soluciones, cambiar, transformar.

- Los contratiempos llegan rápido y es difícil ignorarlos. En cambio, el progreso es lento y no nos damos cuenta de que está sucediendo.
- Si esperas que las cosas salgan mal, cuando suceda lo contrario, ¡te sorprenderás! En cambio, si esperas que salgan genial, cualquier situación, por buena que sea, te parecerá poco. Nuevamente, todo es una cuestión de expectativas.

6

De niño de la calle a dueño de un café: el poder de la resiliencia y la curiosidad

Dada la influencia que ha tenido nuestro libro *Ikigai. Los secretos de Japón para una vida larga y feliz* en la India, donde durante tres años fue el más vendido en todo el país, nos emociona contar la historia de Amin Sheikh, con quien tuvimos el honor de hablar.

Nos contó su vida, una aventura llena de resiliencia y propósito vital.

Amin fue un niño de la calle y, como todos ellos, tuvo una infancia difícil. Tiene pocos recuerdos de su padre, con quien su madre se casó sin conocerle en un matrimonio de conveniencia. De esta unión nació Amin un 24 de junio de 1980. Su nombre significa «el principio y el fin» y, en cierto modo, refleja su historia.

Debido a los problemas de su padre con la bebida, Amin y sus dos hermanas se fueron con su madre a vivir a otra casa, y otro hombre ocupó el lugar de su progenitor.

Fue entonces cuando empezó su vida laboral. Con solo cinco años, repartía botellas de leche y trabajaba en un salón de té sirviendo y lavando vasos. El dueño le pagaba dos rupias al día, que eran providenciales para su familia, pero sufría constantes vejaciones por parte del patrón y los clientes.

En medio de esas circunstancias tan duras, Amin soñaba con que un día tendría su propio café, donde las cosas serían distintas a todo lo que había vivido.

Todo empieza con un sueño. Sobre todo en los momentos más duros, recordar lo que quieres conseguir te puede dar la energía para seguir adelante.

Un día se le cayó la bandeja y se rompieron varios vasos. Llevado por el pánico, salió corriendo sin mirar atrás, temiendo el castigo del dueño y la paliza que recibiría al llegar a casa. Pasó la noche en una estación de tren y allí observó cómo otros niños pedían dinero.

Hambriento y muerto de frío, vio una patata tirada en el suelo y fue a por ella. Se acordó de su madre. Ella le reñía y le pegaba, pero también le quería y lo abrazaba, así que volvió a su casa, pero no se atrevió a entrar.

Esa noche durmió en la calle y, al día siguiente, huyó de nuevo a la estación. Así empezó una vida aún más dura para Amin. Durante siete meses vivió en diferentes estaciones, donde sufrió abusos y malos tratos. Se pasaba los días andando sin rumbo y por las noches procuraba pasar desapercibido, hasta que su madre lo encontró en la estación de Goregaon.

Cuando llegaron a casa, su padrastro le pegó una paliza.

Al cabo de pocos días, Amin se escapó de nuevo. Subió a un tren de larga distancia para alejarse de Bombay y de su familia.

Tenía siete años y pedía limosna, limpiaba a cambio de unas rupias y subsistía como otros niños de la calle.

Una mañana, un policía empezó a hacerle preguntas y lo llevó de regreso a su casa. Al llegar allí, su padrastro le pegó otra paliza y lo amenazó con cortarle la pierna si volvía a escaparse. Aunque el precio a pagar por vivir en la calle era duro, lo que tenía en casa no era mucho mejor. En la calle, Amin se sentía libre de hacer todo lo que él quisiera, así que huyó de nuevo.

Una noche, en la estación de Borivali, vio una cola de gente en el puesto de helados. Amin se acercó para que le dejaran probar uno, pero el vendedor lo echó a gritos.

De repente, una voz amable le preguntó si quería que le invitara a un helado. Primero Amin desconfió, pero vio que era un hombre que dormía en la estación, igual que él. Ese día fue amable con Amin y continuó siéndolo. Ejerciendo de mentor en aquellas miserables circunstancias, le enseñó a buscarse la vida, a hurgar en la basura, a encontrar comida, a recoger botellas y otros trastos para vender.

El mentor o mentora que necesitas en este momento de tu vida puede estar cerca de ti. Aprende de las personas que tienen más experiencia que tú.

Amin se sentía protegido por aquel *homeless*, tanto que lo llamaba *Mama*, que en su idioma significa «tío». Hasta que un día la policía se lo llevó y Amin se quedó solo de nuevo. *Mama* nunca volvió.

Nuestro protagonista ya sabía que en las estaciones de tren podía subsistir pidiendo, pero gracias a su amigo había aprendido que, para conseguir lo que quería, tendría que buscarlo fuera de aquel ambiente. Necesitaba trabajar.

Un chico mayor que él le ofreció vender peines y fundas de plástico a cambio de comida y algunas rupias. Amin no dejaba de ser un niño, así que en cuanto tenía un par de rupias se escapaba para refugiarse en un cine de Grant Road.

Su siguiente trabajo fue de *culi*, llevando el equipaje de los pasajeros en las estaciones. Un día recibió una propina de 100 rupias y las escondió entre su ropa, pero al día siguiente se las habían robado.

Amin estaba enfadado y triste, pero otros niños lo llevaron a comer a un lugar en el que una vez a la semana daban comida gratis. También le enseñaron el mar, algo que él aún no conocía.

Amin siempre le había tenido pánico, pero le contaron que el mar era una buena medicina: vivir en la calle y la falta de aseo provoca reacciones cutáneas molestas, así que el agua salada se convirtió en su médico.

Aprende a reconocer a las buenas personas y a celebrar las cosas buenas de la vida. Eso te sanará.

Tuvo otro encuentro importante con un niño que vivía con su hermana fuera de la estación de Dahisar. Este se ganaba la vida como limpiabotas, así que Amin lo observó y decidió hacer lo mismo para conseguir unas cuantas rupias. Esto no le gustó al otro niño, y empezaron a perseguirlo para que se fuera de su territorio.

Poco después conoció a Feroze, quien se convertiría en un gran amigo. Amin vio en él a otro niño que había pasado por algo parecido. Pensó que debía compartir lo que él había aprendido con quien lo necesitara. Así fue como empezó a ayudar a Feroze. Eso le dio un propósito que le hizo sentirse útil y valioso.

Comparte lo que has aprendido con quien lo necesite. Iluminar el camino de quienes van detrás de ti arrojará a su vez luz en tu interior.

Una mañana ocurrió algo mágico. Amin descubrió a su hermana en la estación de trenes. Se había escapado de casa y lo estaba buscando para quedarse con él. Con Feroze, formaron un pequeño grupo para defenderse de los peligros que había por todas partes, en especial para ella.

Fue entonces cuando un ángel de la guarda apareció en sus vidas. Se llamaba Seraphine y la acompañaba un chico joven de nombre Chand. Les contó que él también había sido un niño de la calle y que era difícil salir de aquello. Les aconsejó que escucharan a Seraphine, que los llevaría a un sitio donde nunca les faltaría de nada.

Amin le pidió que se llevara a su hermana Sabira. Al cabo de unos días ella fue a verlo. Estaba guapísima, con un vestido nuevo y el pelo limpio, y le dijo: «Amin, tienes que venir conmigo. Hasta que no vengas, no pienso marcharme de aquí».

Sabira convenció a Amin y este llegó a Snehasadan, un hogar para los sintecho. Allí conoció al padre Plácido y a una trabajadora social a la que llamaban Tina Didi. Esta le dio un trocito de chocolate y le preguntó su nombre para anotarlo en un registro. Le asignó la casa número uno.

Amin, que no estaba acostumbrado a aquel trato amable y cariñoso, se dio cuenta de que no era el único niño de la calle allí. Había muchos otros y, de hecho, se reencontró con su amigo Feroze.

En 1988, empezó su nueva vida en aquel lugar.

Le dieron ropa limpia, le enseñaron a bañarse y conoció a otros niños. En Snehasadan había catorce casas, donde los niños vivían bajo el cuidado de las monjas. Además de acogerlos, su misión era encontrar a las madres para devolverles a sus hijos.

Lamentarnos de nuestra mala fortuna nos debilita, mientras que hacernos cargo de nuestra vida y darle forma a través de nuevos hábitos nos empodera.

Amin acompañaba a Seraphine en su búsqueda, pero nunca daban con su madre porque en realidad él no quería que eso sucediera. Prefería ayudarla a encontrar a otros niños y hospedarlos en Snehasadan. Llegó el momento para Amin de ir a la escuela para aprender a leer y a escribir. Tina Didi empezó a encomendarle tareas para reforzar su autoestima y que se sintiera como un chico mayor. Así fue como empezó a sentirse mejor con él mismo.

En 1992, Amin vivió los disturbios de Bombay. Nunca había pasado por una guerra, pero para él aquello fue como vivir una. Hinduistas y musulmanes se mataban unos a otros y murió muchísima gente.

En Snehasadan, Amin había conocido a niños de todas las religiones, así que fue triste para él ver cómo la fe les separaba. A partir de entonces, tuvo claro que no quería tener ninguna religión.

Un día, un hombre llegó a la institución. Dijo que conocía a una señora que siempre le contaba que su hijo y su hija habían desaparecido. Fueron a visitarla y resultó ser la madre de Amin. Ella lo abrazó y se mostró feliz de volver a verlo y de saber que su otra hija también estaba en Snehasadan. Pero, nada más reencontrarse, su madre lo mandó a una fábrica en la que trabajaba doce horas al día sin guantes, en contacto con queroseno y otros productos químicos que le llenaban las manos de heridas. Después de varios intentos de liberarse, y de nuevas palizas, Amin fue a hablar con el padre Plácido, que aceptó que Sabira regresara a Snehasadan.

Amin se quedó con su madre, estudiando y trabajando a la vez. Se había hecho repartidor de periódicos. Empezaba a las seis de la mañana. Luego iba a la escuela y, al salir, continuaba repartiendo periódicos.

Más tarde, esa experiencia le permitió emprender un negocio: creó su propia distribución de periódicos, lo cual era un sueño para él. Se levantaba pronto, compraba los periódicos antes que nadie y los vendía en los semáforos y las estaciones de tren. También adquirió los derechos de reparto a un vendedor y se compró una bicicleta para entregar los periódicos en varias empresas.

Amin volvía a dormir en la calle y se lavaba en los baños de las empresas a las que iba. De vez en cuando pasaba por su casa para darle dinero a su madre. Pronto empezó a complementar su actividad haciendo de mensajero en bicicleta para un banco. Todo aquello era tan agotador que tuvo que dejar los estudios.

Siguiendo el ejemplo de un amigo, vendió su negocio de repartidor de periódicos y se puso a lavar coches mientras se sacaba el carnet de conducir. Comenzó a trabajar de conductor de *rickshaw*, pero se dio cuenta de que no era un trabajo fácil. Además de conducir todo el día para ganarse la vida, tenía que pagar el alquiler del *rickshaw* y pelearse a diario con la policía, que siempre encontraba algún motivo para pedirle sobornos.

A pesar de eso, todos aquellos empleos fueron una universidad para Amin.

Todas las tareas que hacemos, incluso las menos gratas, nos aportan lecciones que en el futuro podremos aplicar a nuestro propio proyecto.

Una mañana, el padre Plácido le dijo que tenía un buen trabajo para él y así fue como conoció a Eustace Fernandes, que le dio un hogar y un empleo a jornada completa.

Eustace era artista y su casa siempre estaba llena de gente que iba a tomar el té y se quedaba a cenar. Una de las tareas de Amin era ayudar a Mary D'Souza, que era quien organizaba la casa. Se ocupaban de mantener la vivienda limpia y ordenada, preparar la comida, atender a los invitados, etc.

Aquello fue una gran experiencia para Amin. Las distintas personas que pasaban por allí y las conversaciones que tenían le permitieron aprender cosas sobre un mundo totalmente diferente al que había conocido hasta ese momento.

Eustace empezó a presentarlo a sus amistades como su mano derecha y le dijo que tenía que aprender inglés, lo cual no era fácil para Amin. Con todo, le apasionaba conocer a gente de todo el mundo que llegaba a aquella casa para pasar unos días. Allí se hablaba de música, teatro, cine, y se celebraban fiestas.

Eustace ayudaba a todas las personas que se lo pedían y daba solución a sus problemas. Cada año acogía a un niño, lo cuidaba y lo educaba, y luego le dejaba ir para que espabilara, pero Amin se quedó con él doce años.

Para ensanchar tu vida es necesario «ganar mundo», conectar con otras personas con una visión más rica y amplia, recibir nuevas influencias. Esto te abrirá otras posibilidades.

En una ocasión, la hermana de Eustace fue a visitarlo con su marido. Ella vivía en Barcelona y Amin los paseó por toda la ciudad. Con el tiempo, Amin pudo conocer a toda la familia de Eustace, repartida entre Bombay, Goa y Barcelona.

Las cosas le iban mejor y empezó a ocuparse de su madre. Consiguió convencerla de que dejara a su padrastro, que bebía y no trabajaba. Le buscó un piso de alquiler y, poco a poco, Amin pudo darle a su madre una vida más digna.

Llegó el momento de hacer realidad otro sueño: Amin logró que una ONG le prestara un coche viejo para convertirlo en un taxi turístico. Eustace le diseñó el logotipo, y Amin se ocupó de arreglarlo y que pareciera nuevo.

La noche de Navidad de 2002, Eustace le preguntó qué regalo quería y Amin le dijo que deseaba ir a Barcelona. Al día siguiente encontró una tarjeta de Eustace que decía: «Nos vamos a Barcelona y deseo que hagas muchos más viajes como este». El 27 de abril de 2003 volaron a su ciudad soñada. Era un mundo diferente al que conocía Amin, sin niños viviendo en la calle. Pasó allí un mes y medio y luego regresó a Bombay. Gracias a la ayuda de Eustace y a sus propios ahorros, Amin consiguió comprar su propio coche y, más adelante, una casa.

En su largo y tortuoso periplo, Amin había comprendido que la vida es bella si estás acompañado de gente bella, que el tiempo te lo da todo y que se trata, en esencia, de mirar la vida en positivo y aprovechar las oportunidades que te brinda.

En 2014 escribió su autobiografía, *Bombay, Mumbai, la vida es la vida: soy gracias a ti*, que se publicó en varios idiomas, y con las ganancias de las ventas pudo cumplir otro sueño en su ciudad natal: en agosto de 2016 abrió el Bombay to Barcelona Library Café. Se trata de un espacio mágico. En su cafetería, Amin, a chavales que se criaron en la calle, como él, les da la oportunidad de trabajar e integrarse en la sociedad. Además de su amplia oferta gastronómica, se puede disfrutar de su biblioteca gratuita y ocupa el primer puesto en Tripadvisor.

Y no solo abrió el café, ahora también tiene una ONG llamada Street Angels Foundation y una escuela para niños sin recursos: Little Guru's Nest.

Su próximo plan es abrir una sucursal de la cafetería en Barcelona.

Todo ikigai *tiene una voluntad de servicio a los demás. Descubre a quiénes quieres ayudar y eso te ayudará a descubrir cómo hacerlo.*

7

Falacias y sesgos

Las falacias no dejan de ser falacias por el hecho de convertirse en modas.

G. K. Chesterton

Una tarde cualquiera, entras al supermercado a por una cosa: una barra de pan. Y sales con queso, un vino, una vela aromática, una caja de galletas y una revista que ni siquiera leerás. ¿Qué ha pasado? Nada anormal. Simplemente has sido víctima de las debilidades de la mente y las emociones humanas.

Hay cosas que alguien nos dijo una vez o que leímos en algún lugar y, desde entonces, solemos repetirlas sin pensar en si son verdaderas o no. Un ejemplo sería: «Si algo es caro, debe de ser bueno». Este principio es fácil de recordar y también sencillo de aplicar en situaciones reales cuando vamos a hacer una compra. En vez de gastar tiempo y energía analizando si un ordenador es mejor que otro, es más rápido escoger uno más caro, asumiendo que, por costar más, será de gama alta. Lo mismo sucede si tenemos que adquirir una lavadora o un coche nuevos.

Parece lógico, pero ¿es verdad que lo caro siempre es bueno?

Somos vagos por naturaleza. Por eso tendemos a usar reglas mnemotécnicas y heurísticas sencillas. Son necesarias, porque nos ayudan a reducir la carga cognitiva. Si por cada decisión que tuviéramos que tomar nos pusiéramos a analizar con detalle cada una de las consecuencias, no podríamos vivir.

El problema surge cuando almacenamos heurísticas equivocadas en nuestro subconsciente y terminamos usándolas todo el tiempo. Si la mente nos está engañando sin que nos demos cuenta, dejan de ser heurísticas útiles y pasan a ser sesgos y falacias, y si los aplicamos continuamente nos afectarán de forma negativa.

Es importante reconocer algunas de las falacias más comunes para corregir nuestro comportamiento.

La falacia del coste hundido

Es la tendencia a seguir invirtiendo en algo porque ya hemos invertido mucho en ello. Sucede cuando pensamos: «He invertido tanto que no puedo abandonar».

Imagina que vas al cine y, al cabo de diez minutos, te das cuenta de que la película es malísima y no te apetece nada verla. Pero, como ya has pagado la entrada, te quedas hasta el final.

Pasar un rato en el cine es un mal menor, pero tendemos a utilizar la misma lógica para cosas que pueden consumir mucho más tiempo y energía: «Odio esta carrera en la que me metí, pero llevo tantos años que tengo que terminarla como sea», «Ya no me gusta este novio/a pero, después de todo lo que hemos vivido juntos, sería una pena cortar», «Aborrezco esta oficina, mi trabajo, a mis compañeros; pero de aquí a unos meses me pagarán un bonus y me subirán el sueldo. He dedicado tantos años a esta empresa que no puedo tirarlo todo por la borda».

Es como si el pasado nos estuviera poniendo trampas, encadenándonos por los tobillos con grilletes para impedir que nos movamos.

¿Por qué caemos en esta trampa?

Porque mezclamos el pasado con el presente y el futuro. Pensamos que el tiempo, el dinero y la energía que consumimos con anterioridad tienen una gran importancia a la hora de tomar la próxima decisión. Nos duele admitir que algo fue en vano porque daña nuestro orgullo. Deseamos aprovechar lo que hicimos en el pasado.

Pero no desperdiciar nuestros esfuerzos del ayer solo sería verdad si realmente es algo que queremos seguir haciendo. Si, por el contrario, es algo que sentimos como un peso, lo racional es eliminar el peso del pasado.

Una técnica eficaz consiste en hacerse una pregunta que nos centre en el presente: «Si ahora empezara desde cero, ¿merecería la pena hacer lo mismo que estoy haciendo?».

Siguiendo con los ejemplos anteriores, podríamos formularnos las siguientes preguntas: «Si ahora fuera a comprar la entrada para esta película que no estoy disfrutando, ¿la compraría?», «Si ahora fuera a matricularme, ¿lo haría en esta carrera?», «Si ahora fuera a buscar un trabajo, ¿aceptaría una oferta en esta empresa?».

Esta falacia del coste hundido es universal: afecta a parejas, empresas y gobiernos. Hay parejas que mantienen su relación por el tiempo que han invertido en ella, no por el amor que queda. Tanto empresas pequeñas como grandes tienden a invertir en aquello que llevan haciendo desde hace años simplemente porque es lo que han hecho siempre, aunque sea algo que ya no funciona. Muchos gobiernos continúan proyectos ruinosos para cumplir promesas olvidadas o para no dejarlo todo a medias.

Lo que ya hemos gastado no tiene por qué determinar lo que haremos hoy o mañana.

- ¿Sigues con algo solo porque ya invertiste mucho en ello?
- ¿Confundes fidelidad con obstinación?
- Si hoy tuvieras que empezar desde cero, ¿volverías a hacer lo mismo?

La falacia de la escasez

Caemos en esta trampa cuando pensamos: «Esta oferta solo estará disponible ahora, tengo que comprarlo ya mismo».

Aunque vivimos en una era de abundancia, somos muy sensibles a la escasez de cualquier cosa, no solo de la comida. Ante la urgencia o la aparente escasez de algo, tendemos a justificar compras impulsivas.

Muchas técnicas de marketing y ventas, sobre todo en internet, se aprovechan de esta debilidad. Un mensaje que encabeza un sitio online que te quiere vender algo podría ser: «Descuento del 40 % disponible solo para diez personas durante las próximas veinticuatro horas».

Una técnica para minimizar los efectos de esta falacia es esperar. Puedes tener tu lista de cosas que deseas escrita en un bloc de notas o, en caso de usar tiendas online, dejarlo en la lista de favoritos o en el carrito de la compra. Si revisas la lista de vez en cuando, lo que suele pasar es que, al cabo de un tiempo, dejes de querer comprar casi todo. Te das cuenta de que el impulso era pasajero. Pero si hay otras cosas de la lista que sigues queriendo, en ese caso, adelante, ¡compra!

Un par de preguntas que te pueden servir:

- Si no estuviera en oferta, ¿lo compraría?
- ¿Es algo que si me dieran gratis lo querría, o solo lo deseo porque está en oferta y me dicen que se va a terminar?

Aversión a la pérdida

Tenemos mucho miedo a perder, incluso cuando apenas hay riesgo. El dolor de perder es más fuerte que el placer de ganar. Por ejemplo, perder 100 euros genera un impacto emocional negativo mucho mayor que el placer de ganar 100 euros.

El concepto de «aversión a la pérdida» fue definido por los psicólogos Daniel Kahneman y Amos Tversky en el contexto de la teoría prospectiva (*prospect theory*), desarrollada en 1979.

Este descubrimiento fue fundamental para el nacimiento de la economía conductual y Kahneman recibió por ello el Premio Nobel de Economía en 2002 (Tversky ya había fallecido).

Según los estudios de Kahneman y Tversky, perder 100 euros nos duele aproximadamente el doble que la alegría de ganarlos. Esto hace que no tomemos decisiones económicas de forma racional y objetiva.

Imagina que nos encontramos un billete de 10 euros por la calle. Es una alegría haber ganado este dinero inesperado. Luego vamos al supermercado y, al volver a casa y revisar el tíquet de la compra, nos damos cuenta de que ha habido un error y nos han cobrado cinco euros de más. De repente, nos olvidamos totalmente de la alegría de habernos encontrado los 10 euros.

Tenemos una bicicleta vieja en el trastero que no utilizamos. La ponemos a la venta en internet y al cabo de unos días nos ofrecen por ella 50 euros. De repente cambiamos de opinión: no nos gusta la idea de dejar de poseerla; en nuestra mente, en vez de ganar 50 euros estamos interpretando la transacción como una pérdida. Al final, si la venta no se realiza debido a esta falacia, la bicicleta se irá oxidando en el trastero.

Este sesgo tiene una forma sutil de manipularnos: nos hace proteger lo que ya tenemos, incluso cuando eso nos impide mejorar. Nos hace elegir la seguridad, a veces estéril, antes que asumir riesgos razonables. Nos hace decir no a buenas oportunidades por miedo a lo que podríamos perder.

En vez de pensar: «¿Y si pierdo?», podemos sustituirlo por: «¿Qué estoy perdiendo por quedarme donde estoy?».

Muchas veces la verdadera pérdida es no moverse.

- ¿Estoy tomando esta decisión por miedo a perder más que por deseo de ganar?
- ¿Estoy sobrevalorando lo que tengo solo porque es mío?
- ¿Estoy rechazando opciones que objetivamente tienen sentido pero me dan vértigo?

El efecto Ikea

Compras una estantería en Ikea, te la llevas a casa y dedicas horas a montarla. Al terminar, la contemplas y para ti es la mejor estantería del mundo.

El efecto Ikea nos dice que cuando creamos algo con nuestras manos, tendemos a darle más valor del que realmente tiene porque estamos orgullosos del esfuerzo que hemos puesto en ello.

Y el efecto Ikea no se limita a los muebles. Lo aplicamos a proyectos, ideas, relaciones, negocios, e incluso a la comida que cocinamos con cariño.

Confundimos esfuerzo con valor.

Nuestro trabajo añade valor subjetivo a lo que hacemos, no hay nada de malo en ello, pero es mejor ser conscientes de que este factor puede nublar nuestra capacidad de tomar buenas decisiones.

Veamos algunos ejemplos de situaciones en las que el efecto Ikea puede provocar un bloqueo:

- Alberto invierte meses en desarrollar una hoja de cálculo para llevar su contabilidad personal. Es complicada, necesita tiempo y está llena de errores. Un amigo le muestra una app gratuita que hace lo mismo en segundos. Alberto ignora la sugerencia diciéndole: «Mi hoja de cálculo hace todo lo de esta app. Además, la he hecho yo».
- Lucía ha escrito una novela a la que ha dedicado años. Va a firmar un contrato con una editorial, pero le ponen como condición hacer recortes siguiendo el consejo de

un editor profesional. Pero a Lucía el solo hecho de pensar en eliminar un párrafo le genera dolor emocional. «Me costó tanto escribirlo», piensa mientras lee el contrato. Stephen King suele aconsejar a los escritores noveles: «*Kill your darlings*», refiriéndose a la importancia de eliminar aquello a lo que le has cogido cariño pero no es esencial en la historia que estás contando.

- Ana lidera el departamento de marketing de una multinacional de cosméticos y su equipo ha preparado una propuesta de estrategia para lanzar un nuevo producto al mercado. Es algo original y atrevido, y Ana le ha dedicado casi todos sus recursos durante semanas. Cuando presenta su propuesta, de repente uno de los directivos sugiere la estrategia que ya utilizaron para otro producto que tuvo mucho éxito. Ana enseguida reconoce que esa sería la mejor opción, porque se adapta perfectamente al nuevo producto, pero le cuesta mucho aceptarlo. Ana se imagina lanzando esta pregunta delante de la directiva: «Todo mi departamento ha estado trabajando semanas para presentar esta propuesta y ahora, en cuestión de segundos... ¿me estáis diciendo que nuestro esfuerzo no ha servido para nada?».
- Kim es una diseñadora júnior en una empresa de semiconductores. Motivada por la ilusión del principiante, diseña por su cuenta un subcomponente de un circuito y, orgullosa con el resultado, se lo presenta a su jefa, que es una vieja loba de la industria con décadas de experiencia. Enseguida se da cuenta de que este subcompo-

nente es inferior al que pueden comprar a un proveedor de Taiwán a un precio mucho más barato que si lo fabricaran ellos mismos. Para no desmotivar a Kim, le indica la página web del fabricante para que estudie los detalles y le pregunta: «¿Qué ganamos fabricando tu subcomponente en vez de comprárselo a esta empresa taiwanesa?».

Todos estos ejemplos se podrían rebatir porque, al fin y al cabo, muchas grandes innovaciones salen adelante gracias al idealismo y la perseverancia de aquellos que las empezaron, sabiendo que es inevitable que, al principio, haya algo igual y mejor que ya ha hecho otra persona o empresa.

El efecto Ikea tiene una parte bonita: nos conecta con el orgullo de crear. Nos motiva a ser creativos y a construir cosas nuevas. Es lo que hace que cocinar en casa tenga más sabor, que cuidar una planta nos haga sonreír, que hacer bricolaje nos dé satisfacción y que en ciertos departamentos se produzcan grandes innovaciones.

Saber distinguir cuándo merece la pena defender lo que hemos creado nosotros mismos y cuándo no, es una habilidad que podemos desarrollar.

— ¿Estoy aferrado a esto porque es realmente bueno o solo porque lo hice yo?

— ¿Estoy rechazando ayuda u opciones diferentes por orgullo?

Descuento hiperbólico

Imagina que te ofrezco 100 euros hoy o 120 euros mañana. ¿Qué elegirías? Según varios estudios sociológicos, la mayoría prefiere cobrar los 100 euros hoy.

En esos mismos estudios se probó otra opción. Imagina que te ofrezco 100 euros de aquí a 365 días o 120 euros en 366 días. En este caso, la mayoría prefiere los 120 euros.

¿Qué ha cambiado? No ha cambiado nada, en ambas opciones hay que esperar 365 días, y un día extra para ganar 20 euros más. Lo único diferente es que la recompensa no es inmediata.

El descuento hiperbólico se da cuando hay dos recompensas futuras y preferimos la más cercana en el tiempo, aunque objetivamente sea peor. Somos muy sensibles a la inmediatez del placer. Sobrevaloramos las recompensas inmediatas.

Con los estoicos ya se comenzó a considerar sabio a aquel que tiene cierto control sobre el momento en el que será recompensado. No porque no le guste algo, sino porque ha comprendido que el mejor premio no siempre es el inmediato.

- ¿Qué me cuesta esto en tiempo, dinero, libertad o energía dentro de un mes? ¿Y dentro de un año?
- ¿Cambiaría mi recompensa futura (salud, riqueza, amigos y familia) por conseguir otra cosa ahora mismo?

Sesgo del presente

Un pariente cercano del descuento hiperbólico es el sesgo del presente. Si vamos de compras y encontramos ropa en oferta que nos gusta es fácil caer en la tentación. «¡Ahora o nunca!», pensamos sacando la tarjeta de crédito. Pero muchas veces sucede que, al cabo de un mes, pasamos por delante de la misma tienda y vemos que lo que compramos con prisas está incluso más barato.

Los supermercados y las tiendas conocen bien esta debilidad humana y la explotan con todo tipo de estrategias.

En Japón es conocida la técnica de cerrar una tienda y hacer una oferta de liquidación para deshacerse del estocaje. De repente todos compran enloquecidos, pensando que el establecimiento cerrará para siempre. Pero muchas veces es un engaño. Una vez se acaban las existencias, la tienda cierra una o dos semanas para pintar, cambiar las estanterías por otras nuevas y renovar el aspecto del local. Y luego vuelven a abrir. Es entonces cuando te das cuenta de que siguen vendiendo lo mismo, a los mismos precios o incluso más barato.

Lo curioso es que, aunque todos sepan que lo de la liquidación final es una mentirijilla, el truco sigue funcionando. Compramos cosas que no necesitamos porque podemos conseguirlas de inmediato.

La cuestión no es solo caer en la tentación de comprar de más durante las rebajas. Caemos en la misma trampa cuando, en vez de ponernos a estudiar para un examen que tendremos de aquí tres meses, nos pasamos la tarde viendo una película y tomando un helado. Los beneficios futuros se sienten lejanos y los placeres del ahora están al alcance de la mano.

Pero tú no solo estás aquí en el presente, también importa tu «yo» del futuro. A la hora de tomar decisiones, piensa si tu yo del futuro estaría orgulloso de ti o no.

¿Vas a comerte varios dulces después de cenar? ¿Se arrepentirá tu yo del mañana? ¿Vas a hacer ejercicio hoy? ¿Estará orgulloso tu yo del futuro de aquí a diez o veinte años? ¿Vas a ahorrar 300 euros este mes? ¿Estará orgulloso tu yo del mes que viene?

¿Qué podemos hacer para que el futuro sea más tangible?

Cuando notes que vas a caer en una tentación, escribe una carta a tu yo del futuro, aunque sean un par de líneas en un papelito o en una nota de tu smartphone.

Si vas a dejarte llevar por la tentación, explica a tu yo del futuro las razones que te han llevado a ello. Pronto te darás cuenta de que, si tu explicación está llena de excusas baratas, tu yo del futuro no estará contento contigo. Por ejemplo, si escribes:

> Querido yo del futuro: Me he levantado algo cansado y no me apetece trabajar en el proyecto X, que es el más importante a largo plazo para nuestro negocio. Mejor voy a ponerme a leer las noticias en internet y a contestar algunos emails.

Si escribes esto, de repente querrás corregir el curso de tus acciones y cambiar tu carta al futuro.

Si, por el contrario, vas a hacer lo correcto, sentirás orgullo inmediato al explicárselo a tu yo del futuro.

> Querido yo del futuro: Me he levantado algo cansado, pero aun así me voy a poner a trabajar de inmediato en el proyecto X, que es el más importante a largo plazo para nuestro negocio. Si

> consigo sacar adelante este proyecto y terminar a tiempo, me premiaré con unas vacaciones y un viaje a Grecia.

Fíjate que en este mensaje hay una recompensa futura. El mismo patrón se puede utilizar para cualquier otra cosa; por ejemplo, si nos cuesta hacer ejercicio, podemos premiarnos con nuestro dulce favorito, pero no todos los días, solo si cumplimos con la rutina de ejercicio durante un mes.

Combinar la carta con una recompensa si cumplimos con nuestro deber hará que nuestro yo del futuro se sienta orgulloso, y también será premiado por los esfuerzos de nuestro yo del pasado. Esta doble motivación es una técnica efectiva para prevenir que caigamos en las redes de la procrastinación.

Por naturaleza, somos vagos y tendemos a procrastinar. Una de las principales razones por las que nos cuesta tanto ponernos a hacer algo que requiere trabajo es que tendemos a visualizar el esfuerzo que supone como algo negativo. En consecuencia, esta negatividad suprime la producción de hormonas, entre ellas la dopamina, que es fundamental para motivarnos a hacer cosas.

¿Cómo activar la dopamina para ponernos a trabajar?

Dar el primer paso es lo que más cuesta. No nos apetece salir a pasear, pero una vez que estamos en la calle queremos seguir caminando. Cuando llevamos un rato, ya no nos resulta tan duro como habíamos imaginado desde el sofá. No queríamos hacer ejercicio, pero...

Para dar el primer paso, engáñate a ti mismo: no visualices mentalmente lo duro que será ponerte a hacer algo; mejor visualiza el éxito final y la satisfacción que sentirás cuando hayas terminado. Este simple acto de visualizar el éxito hará que comiences a producir dopamina, y esta te ayudará a dar el primer paso.

Otra técnica para evitar procrastinar es eliminar las tentaciones inmediatas. El sesgo del presente nos empuja a la cocina para comer bizcocho en lugar de a la calle para hacer ejercicio. Aquellas cosas que veas que te distraen de tu misión deberían estar lejos o fuera de tu alcance. Trátate como si fueras un perro al que le ocultas la comida. O, simplemente, no compres el bizcocho excepto en ocasiones especiales o cuando hayas cumplido tus objetivos. Tampoco hay que negar los placeres por completo, se trata de redirigirlos.

Recuerda siempre el coste invisible de las decisiones que tomas, porque el sesgo del presente te está afectando en todo momento y suelen ser decisiones impulsivas.

- Entrena tu intuición para detectar cuándo estás cayendo en la tentación de la gratificación instantánea.
- ¿Estoy tomando esta decisión porque me va a recompensar ahora mismo o porque realmente necesito esto?

Efecto anclaje

Un día entras en una tienda de electrónica y ves un smartphone que cuesta 1.200 euros, pero, cuando te acercas, te das cuenta de que está tachado y debajo pone que está rebajado a 649 euros. No necesitabas un teléfono nuevo, pero de repente sientes que estás ante una gran oportunidad.

Estás siendo víctima del efecto anclaje. Es un sesgo que nos afecta cuando tomamos una decisión influenciados por la información inicial a la que estuvimos expuestos, aunque esta sea arbitraria o irrelevante.

Somos muy susceptibles a las primeras impresiones.

Se trata de un efecto general, que nos afecta más allá de los precios. En el libro *Pensar rápido, pensar despacio,* Daniel Kahneman explica el siguiente experimento:

> Amos y yo una vez manipulamos una rueda de la fortuna. Estaba marcada del 0 al 100, pero la trucamos para que solo se detuviera en el 10 o el 65. Reclutamos a estudiantes de la Universidad de Oregón como participantes de nuestro experimento. Uno de nosotros se situaba frente a un pequeño grupo, giraba la rueda y les pedía que anotaran el número en el que se detenía, que, por supuesto, era el 10 o el 65.
>
> Luego les hacíamos dos preguntas:
>
> 1. El porcentaje de naciones africanas entre los miembros de la ONU, ¿es mayor o menor que el número que acabas de escribir?
>
> 2. ¿Cuál es tu mejor estimación del porcentaje de naciones africanas en la ONU?
>
> El giro de una rueda de la fortuna, incluso si no está manipulada, no puede proporcionar información útil sobre nada, y los participantes en nuestro experimento deberían haberla ignorado. Pero no lo hicieron. Quienes obtuvieron el 10 en la ruleta estimaron que el porcentaje de las naciones africanas que están en la ONU representa el 25 %, y quienes obtuvieron el 65 estimaron que era el 45 %.

Los resultados de este experimento son sorprendentes. El

poder del efecto anclaje funciona incluso con una ruleta de la fortuna cuyo resultado no tiene nada que ver con el porcentaje de naciones africanas en la ONU. Aun así, los estudiantes que sacaron un 65 en la ruleta estimaron que era un 45 %, y los que sacaron un 10 estimaron que solo era un 25 %.

Si fuéramos seres racionales, el resultado de la ruleta no debería cambiar en nada nuestra opinión sobre algo. El efecto anclaje parece funcionar a nivel de nuestro subconsciente y nos hace tomar decisiones irracionales.

En el caso de los precios, la cifra que vemos primero crea una referencia mental o un ancla que distorsiona nuestra percepción del valor real.

Ser conscientes de cuándo estamos siendo «anclados» es importante, pero saber cómo funciona este sesgo también lo es para utilizarlo en nuestro beneficio, es decir, para «anclar» a otros.

Veamos un ejemplo que puede aplicarse a cualquier servicio o producto que queramos vender online.

Si deseamos vender algo por un mínimo de 80 euros, lo mejor es darle al usuario tres opciones: la primera de 150 euros (opción lujosa), la segunda de 95 euros (opción mejor) y la tercera de 80 euros (opción buena). De esta forma estamos creando un ancla con los 150 euros iniciales y las otras ofertas parecerán baratas y se venderán con más facilidad.

Esta estrategia de tres opciones se conoce como «buena-mejor-lujosa» o *goldilocks*.

Ahora imagina que tenemos una cafetería y hay un sándwich que durante una época fue muy popular pero ha dejado de venderse. Podemos utilizar la técnica buena-mejor-lujosa para solucionar la crisis de ventas. El sándwich que tenemos ahora será la opción buena y lo seguiremos vendiendo por cinco euros. Pero ofreceremos también el sándwich con dos ingredientes extra por siete euros, que será la opción mejor, y por último uno de nueve euros con varios ingredientes extra como la opción lujosa. Renovaremos el menú de forma que los clientes vean el sándwich de nueve euros nada más abrirlo y así crear un ancla en sus mentes. Todo lo que valga menos de nueve euros parecerá barato y, en consecuencia, cuando los clientes vean el de cinco euros, ¡seguramente lo pedirán!

Veamos ahora otro ejemplo que nos ayudará a la hora de llevar a cabo una negociación salarial.

Imagina que estamos terminando una entrevista de trabajo y nos preguntan: «¿Qué salario estás buscando?». Como nos pilla desprevenidos, respondemos inseguros: «2.300 al mes estaría bien». De repente, hemos creado un ancla que nos perjudica. ¡Hemos perdido! En realidad, nuestro futuro jefe tenía presupuesto para contratar a alguien que cobrara hasta 3.000 euros, pero ahora en su mente solo valemos 2.300 euros y será difícil conseguir más salario.

Lo mismo sucede si trabajamos por nuestra cuenta y le decimos a un posible cliente que cobramos «400 euros por proyecto», pero resulta que el cliente estaba dispuesto a pagar 1.000 euros. Hemos perdido 600 euros sin saberlo.

Una estrategia para combatir el fallo de vendernos demasiado baratos consiste en esperar a que sea la otra persona la que diga una cifra. Este es el clásico consejo que suele darse en libros de negociación y que suena bien por escrito, pero a la hora de ponerlo en práctica es otro cantar. No resulta fácil, porque la otra persona suele esperar exactamente lo mismo; nadie quiere ser el primero en soltar prenda. Y si la otra persona es experta en el tema, tenemos todas las de perder, ya que si dejamos que ponga un «ancla» antes que nosotros la fijará a su conveniencia. Por ejemplo, un vendedor de coches de segunda mano seguramente empezará la conversación poniendo un «ancla» muy alta, es decir, ofreciéndonos un precio superior a lo normal.

¿Qué hacer entonces para negociar sin salir perdiendo? Para pisar este terreno lleno de contradicciones e irracionalidades podemos usar una estrategia combinada:

- *Pon tú primero el ancla*: si eres un experto, posees mucha información y conoces el valor real de lo que se está negociando.
- *Deja que la otra persona ponga su ancla primero*: si no conoces bien el mercado, todavía estás en posición de perder; por lo tanto, escucha, aprende y recopila información. Espera hasta que la otra persona revele su ancla o rango de valores. Idealmente, habla con varias personas de este ámbito para tener suficiente información y poder comparar.

Si tienes interés en aprender más sobre cómo negociar, te recomendamos el libro *Rompe la barrera del NO* de Chris Voss.

Tabla resumen de falacias y sesgos

Falacia o sesgo	Explicación
Coste hundido	Sigues invirtiendo en algo porque llevas tiempo gastando en ello. Mantienes una suscripción que ya no usas porque «he pagado mucho durante años».
Escasez	Si hay poco, pensamos que lo necesitamos sea como sea. «Esta oferta solo está disponible ahora, tengo que comprarlo ya mismo».
Aversión a la pérdida	El temor a perder pesa más que el deseo de ganar. «No vendemos acciones que no funcionan en nuestra cartera de valores porque no queremos asumir pérdidas».
Efecto Ikea	Valoras más lo que has hecho tú. Tu mueble viejo es perfecto porque lo montaste tú hace unos años.
Descuento hiperbólico	Preferencia por las recompensas inmediatas. Comprar ahora en vez de esperar a una oferta mejor.
Sesgo del presente	Sobrevaloramos el placer inmediato. Pensar cosas como «me lo merezco» nos lleva a compras impulsivas.
Efecto anclaje	La primera información que vemos sobre algo de lo que tenemos poco conocimiento influye en nuestras decisiones. Un precio tachado nos hace ver barato lo que no lo es.

8
El poder de la ilusión

Ganar dinero es bueno, suele ser una de las señales de que estás en el buen camino, y si pierdes mucho puede ser que tengas que cambiar.

Dídac Lee

Dídac Lee i Hsing (李西洵) nació en Figueres en 1974. Sus padres emigraron desde Taiwán a España a principios de los años setenta y decidieron montar un restaurante. Fue el primer restaurante chino de la provincia de Girona.

Creció como cualquier chaval español, estudiando la EGB, jugando al fútbol en el recreo y viendo el anime japonés *Mazinger Z*.

Más que hablar de lo que aprendió en el colegio, a Dídac le gusta contar que *Mazinger Z* es uno de los elementos más importantes de su vida, ya que le inspiró a emprender e invertir por todo el mundo.

Al principio no fue fácil porque Dídac era bastante rebelde. En contra de los deseos de sus padres, abandonó la carrera de Informática. A los veintiún años dejó los estudios para fundar su primera empresa, una proveedora de internet, que era lo que realmente él quería hacer.

«No se lo tomaron bien. Mis padres no me hablaron durante varios años», comenta. Con el tiempo, reconocieron la importancia de lo que había hecho su hijo, y ahora se llevan muy bien.

A veces, en especial si se trata de algo que nos llama poderosamente, hay que ir contracorriente. Rebelarse ante lo que se supone que debemos hacer según dicta la sociedad puede ser el mejor camino a seguir.

Tras mucho esfuerzo y muchos vaivenes, ya que empezó endeudándose con el banco para financiar sus comienzos, siguió emprendiendo sin parar, y lo sigue haciendo ahora, treinta años después.

Ha fundado y cofundado decenas de empresas y también es inversor. A través de su fondo de capital riesgo Galdana Ventures, tiene 2.000 millones de euros invertidos en empresas como Airbnb, Nio, SpaceX, Stripe, TikTok, Uber, Zoom y Open AI.

Fue miembro del consejo del FC Barcelona entre 2010 y 2020. En esa etapa, gracias a su liderazgo en el área digital, el club alcanzó los 370 millones de seguidores en redes sociales y superó los 100 millones de euros de ingresos en el sector digital.

También ha sido reconocido con multitud de premios, entre ellos Mejor Emprendedor Tecnológico (Universidad de Cambridge, 2005), Mejor Mentor Europeo (Founder Institute, Silicon Valley, 2013) y Mejor Business Angel (AEBAN, 2019).

«Me hace mucha ilusión ir a Japón a comprar juguetes de *Mazinger Z* con vosotros», nos dice Dídac Lee en un wasap antes de subirse al avión con destino a Tokio. Incluso ahora, con más de cincuenta años, Dídac mantiene su afición por la serie de dibujos animados que veía de niño. De hecho, es uno de los mayores coleccionistas del mundo de juguetes y *memorabilia* (objetos de recuerdo) de *Mazinger Z*.

Cuando llega a Japón, subimos con Dídac a un tren que sale de Tokio y vamos hasta un pueblo cerca de Izu, al lado del mar. Allí nos recibe Kenji, el propietario de una tienda 7-Eleven y también uno de los coleccionistas de juguetes *vintage* más famosos de Japón.

Nos sentimos como si fuéramos niños visitando la casa de un amigo que tiene muchos juguetes chulos que nos gustaría pedir a los Reyes Magos.

En los ojos de Dídac se ve en todo momento el brillo de la ilusión durante las más de dos horas en que Kenji nos enseña amablemente toda su colección. Incluye figuras de *Mazinger Z*, estatuas de dos metros de *Star Wars*, peluches de *Doraemon* hechos a mano, dibujos originales firmados por el legendario Shigeru Mizuki, decenas de maquinitas de Game and Watch de Nintendo…

Animados por la visita, en el tren de vuelta, filosofamos sobre la vida.

—Pero, realmente, ¿cómo es posible que unos dibujos animados sean la clave de tu éxito empresarial? ¿Qué hay en *Mazinger Z*, una serie de robots fantásticos, que sea tan importante para crear empresas? No parece que tenga nada que ver una cosa con la otra —comenta Héctor.

—No sé, no sabría explicar exactamente qué es —responde Dídac.

—Si me permites, te voy a decir lo que creo. *Mazinger Z* despierta la ilusión en tu interior —se aventura Héctor—. Cada vez que hablas de *Mazinger Z*, tus ojos brillan igual que cuando hablas de emprender. Mi teoría es que *Mazinger Z* es la gasolina que te ha ayudado a conseguir todo lo que haces.

—Hostia, tío. ¡Exacto! No lo podría haber explicado mejor.

Busca algo que te ilusione tanto que te haga sentir como cuando eras joven. No pierdas tu inocencia, que se puede combinar perfectamente con la seriedad de la vida adulta.

Cuando nos hacemos adultos, a veces dejamos de hacer aquello que nos daba energía de niños. Uno de los mejores métodos para relajarse es jugar con una pelota o dar saltos y correr. Es algo que los niños hacen de forma instintiva, pero de mayores nos olvidamos de ello y nos tiramos en el sofá cuando nos sentimos estresados.

En muchas culturas, ver dibujos animados, leer cómics o jugar a videojuegos se entiende como algo «de niños». En Japón no es así: las películas de anime se consideran obras de arte, con tanto valor o más que las producciones con actores reales, y hay mangas que se valoran igual o más que las novelas.

Ya llegando a Tokio, seguimos conversando y Dídac reflexiona sobre sus éxitos empresariales: «Soy muy muy pesado... muy pesado e insistente». Lo dice en un tono amable, cómico, autocrítico y sincero a la vez.

Dídac acumula éxitos, pero también ha caído en muchas trampas y cometió equivocaciones de las que aprendió. Él dice que es «un pesado», pero es otra forma de decir que nunca se rinde.

La capacidad de no rendirse nunca es uno de los valores que transmiten animes y mangas como *Mazinger Z*, más tarde *Dragon Ball* y recientemente *One Piece*. Estas series siguen un patrón similar: cada vez surge un enemigo más poderoso y un grupo de amigos tiene que luchar contra el adversario. Cuando parece que tienen todas las de perder y van a rendirse, hacen uno o varios intentos finales y consiguen derribar al malo.

Muchas veces el enemigo termina convirtiéndose en un nuevo amigo.

Perseverar e insistir, probando diferentes estrategias, es una de las características del éxito en cualquier ámbito. Es algo que se puede aplicar en las películas de superhéroes, en la destreza para elaborar una receta de cocina, en la estrategia para conquistar a una potencial pareja que nos gusta o en cómo llevar adelante un negocio.

En el mundo de las startups, donde la perseverancia es clave para sobrevivir, se utiliza la palabra «pivotar» para referirse a un cambio de dirección, muchas veces forzado porque las cosas no terminan de ir bien o porque los clientes te están indicando que desean algo totalmente diferente.

En las charlas de *ikigai* solemos decir que una cosa es lo que tú quieres de la vida y otra lo que la vida quiere de ti. Tu *ikigai* efectivo es el punto de intersección entre ambos.

Por ejemplo, YouTube comenzó como una web para buscar pareja. El objetivo era subir vídeos para encontrar a alguien con quien citarse. Sin embargo, los fundadores pronto se dieron cuenta de que no terminaba de funcionar. Lo que deseaban los usuarios era compartir vídeos con libertad. YouTube pivotó rápidamente hacia una plataforma genérica de alojamiento y distribución de vídeos, y en el año 2006 fue adquirida por Google. Hoy es la plataforma de vídeos más grande del mundo, con más de 2.000 millones de usuarios mensuales activos.

Uno de los problemas de perseverar sin más es que terminemos dándonos cabezazos contra la misma pared, sin avanzar. De ahí que en las startups naciera la idea de «pivotar».

En la vida cotidiana podemos usar el mismo concepto para dejar de «tirarse los trastos» con una persona que no nos hace caso, seguir estudiando algo que no disfrutamos, o un trabajo que ya no nos llena.

Cambiar de dirección demasiado pronto, o hacerlo a menudo, no es bueno. Tirar la toalla sin perseverar lo suficiente puede ser una equivocación. Pero, por otro lado, virar de rumbo demasiado tarde también es un error.

La gran pregunta es: ¿debo seguir insistiendo con la misma estrategia o es hora de cambiar?

Nunca te rindas. Date permiso para «ser un pesado» e insiste en lo que quieres conseguir. Como diría el refrán japonés: «Si te caes siete veces, levántate ocho».

Mazinger Z es el combustible que mantiene viva la ilusión de Dídac Lee.

Ahora piensa cuáles son los elementos que añaden más ilusión a tu día a día. ¿Qué es lo que te ilusiona al levantarte cada mañana? Pueden ser una o varias aficiones, o bien un trabajo, un proyecto familiar, un proyecto profesional o quizá un viaje que siempre has querido hacer.

9

El dinero es una herramienta, no una meta

El dinero no compra felicidad, compra libertad.

NAVAL RAVIKANT

La utilidad del dinero suele malentenderse. A veces se le atribuyen poderes que no tiene, y otras veces se le teme como si fuera un monstruo insaciable.

Según Naval Ravikant, inversor y emprendedor, fundador de AngelList, «el dinero es una herramienta para multiplicar posibilidades».

El dinero no compra la felicidad, como cantaban los Beatles. Sirve para reducir el estrés financiero, comprar cosas, pedir a otros que hagan cosas por nosotros o pagar viajes y experiencias; pero no tiene el poder de llenar un vacío existencial. De ahí que haya tantas historias de ricos infelices y deprimidos.

Esto no significa que el dinero sea irrelevante; al contrario, es un recurso poderoso si se entiende de forma adecuada.

El dinero sirve para almacenar posibilidades. Y cuantas más posibilidades tengamos, de más libertad dispondremos. Atesora el valor que has creado en el pasado y que puedes usar en el futuro para ampliar tu libertad, eligiendo lo que quieres hacer y cómo. Esencialmente, el dinero tiene el poder de liberar tiempo y resolver problemas, dándonos libertad para hacer lo que queramos.

Muchas personas persiguen el dinero para comprar cosas que creen que les harán felices. Pero la verdadera riqueza es poder hacer lo que queramos cuando nos plazca.

Según Naval Ravikant, el dinero es un medio para intercambiar bienes y servicios. En cambio, la riqueza se compone de «activos» que generan valor continuamente. Lo interesante es su definición de «activos», ya que no se refiere solo a «activos» financieros, sino también a «activos» que nos confieren riqueza interior:

- *Conocimientos y habilidades especializadas.* Cuanto más sepamos, más riqueza personal tendremos, de ahí que no debamos dejar de aprender nunca.
- *Relaciones personales sólidas.* Nuestra familia y nuestros amigos también son «activos» que generan riqueza.
- *Herramientas para amplificar la productividad.* Tener y saber utilizar las herramientas adecuadas es uno de los mejores métodos para incrementar nuestras posibilidades de éxito.

Con un negocio que no funciona o en una época de crisis, el dinero puede desaparecer de la noche a la mañana. Pero la verdadera riqueza, como tu capacidad para resolver problemas, tus conocimientos, tu habilidad para vender un producto o tus relaciones personales, tiende a mantenerse estable incluso en momentos difíciles.

La reputación también es un barómetro para medir la riqueza, y es incluso más importante que el dinero. Por eso resulta tan devastador cuando una persona rica pierde la reputación en un instante por culpa de un escándalo. En este caso el dinero no puede ayudar a recuperarla. Porque la reputación es un «activo» que es necesario cultivar y mantener.

Estos son solo algunos «activos» universales de los que habla Naval Ravikant. Pero existen otros que quizá sean más importantes para ti. Según a lo que te dediques, trata de identificar los que te aportarán más riqueza a largo plazo.

Para identificar nuestros «activos» podemos utilizar estas preguntas:

- ¿Es algo que puedo comprar con dinero o necesito hacer un esfuerzo para conseguirlo?
- ¿Es algo que puedo perder por completo en una crisis?
- ¿Es algo que me da resiliencia?
- ¿Es algo que puedo usar tanto ahora como dentro de diez años?
- ¿Es algo que me da una ventaja sobre otros?
- ¿Es algo que me proporciona conocimientos que podré usar también en el futuro?

Imagina que abrimos una panadería. Estas son algunas ideas de «activos» que nos aportarán riqueza tanto a nosotros como al negocio: apuntarnos a clases con un maestro panadero (educación), realizar un curso de marketing y ventas (educación), invertir en un buen horno (ventaja competitiva), ser amable con los clientes (buenas relaciones personales).

Si al cabo de unos años la panadería no termina de funcionar, sufriremos menos shock si hemos invertido en «activos» y no solo en acumular dinero. En vez de cerrar la panadería y deprimirnos, podremos reconvertir el local en una cafetería, por ejemplo, y usar el conocimiento adquirido para ofrecer tostadas y bollería. Además, podremos aprovechar las relaciones con los clientes de la panadería que hemos cultivado durante años.

¿Trabajas para el dinero o dejas que el dinero trabaje para ti? Si el dinero trabaja para ti, vas por el buen camino.

A la hora de tomar decisiones para invertir, pregúntate: ¿se trata de un «activo» que añadirá riqueza a mi vida, incluso mientras duermo? ¿Es algo que a largo plazo me aportará libertad o me la robará?

La medida de la riqueza es la libertad.
La medida de la salud es la ligereza.
La medida del intelecto es el juicio.
La medida de la sabiduría es el silencio.
La medida del amor es la paz.

Naval Ravikant

10

La aventura de descubrirse: el camino de una coreana

Mina Sohn es un rostro muy conocido en Corea, pues fue presentadora de informativos en la KBS, además de trabajar en otros programas. Pudimos charlar ampliamente con ella en Barcelona, durante el Corean Film Festival, ya que ejerce de puente entre su país y España. Su historia nos habla de cómo se ajusta el propósito vital mientras vamos cambiando.

Nació en 1972 en Seúl, pero cuando tenía siete años su familia se trasladó a la pequeña ciudad de Cheongju porque a su padre, que era profesor de historia, le ofrecieron una plaza en la universidad. Una vez allí, su padre pensó que podría ser una buena oportunidad para su familia mudarse a vivir a otro país, así que aceptó una plaza de intercambio de un año en la Universidad de San Diego, California.

Ese año supuso un enorme cambio para Mina, que tenía quince años y, curiosa como era, absorbía todo lo que veía. Descubrió que en San Diego nadie sabía nada sobre Corea. Una tarde que esperaba el autobús para volver a casa, Mina decidió que aprendería idiomas y conocería el mundo por sí misma.

Cuando finalizó el curso, Mina regresó con su familia a Corea, donde tendría que prepararse para la prueba de acceso a la universidad. Ese periodo previo al examen es exigente para los estudiantes coreanos, ya que no existe el descanso de los fines de semana, no te permiten hacer un deporte fuerte porque te cansas, no hay vacaciones, no puedes salir con amigos.

Mina se pasó tres años estudiando sin parar. Salía de clase y entraba en la biblioteca para seguir estudiando. Superó el examen de acceso a la universidad. Era el momento de elegir carrera.

Su padre le dijo: «Si yo estuviera en tu lugar aprendería español, porque lo hablan en más de veinte países y será un idioma importante en el futuro. Mucha gente toma decisiones pensando en el corto plazo, pero siempre hay que mirar qué va a pasar en el mundo dentro de veinte años. Seguramente, en veinte años Corea habrá crecido como país y necesitará gente que hable idiomas para comunicarse con otras partes del mundo».

Mina decidió seguir el consejo de su padre y eligió Filología hispánica.

Los planes más poderosos suelen ser aquellos que se establecen pensando en el medio o largo plazo.

Cuando Mina, con dieciocho años, empezó a estudiar Filología hispánica no se podía imaginar que, treinta años después, estaría descubriendo el Camino de Santiago a los coreanos.

Al ser una persona observadora, se dio cuenta de que cuando sus compañeros de universidad volvían de hacer el servicio militar, habían madurado y eran más independientes. Por lo tanto, pensó que podía ser bueno para ella hacer algo similar.

En esa época, en Corea existían pocos programas de intercambio universitario, pero consiguió una plaza en Melbourne, donde buscó una habitación en un piso compartido. En aquel entonces aún había racismo en Australia, y Mina encontraba anuncios que decían: «Buscamos una compañera de piso que sea responsable, limpia, etc.», y más abajo: «Abstenerse asiáticos y gente de color». Mina se dijo que no había viajado hasta aquel país para compartir piso con asiáticos. Quería convivir con la gente local para aprender el idioma, así que decidió ir casa por casa a presentarse hasta que convenció a dos hermanos australianos y la aceptaron.

Tras su etapa australiana, encontró un curso de verano en la Universidad Complutense y se fue a Madrid. Llegó con veintidós años con la idea de estudiar y buscar trabajo. Para aprender el idioma contrató a un profesor particular. Y para practicar trabajaba en restaurantes, cuidaba niños, iba al cine, hablaba con la gente por la calle, salía de noche y compartía piso con otros estudiantes que llegaban a Madrid de otras zonas de España.

Si deseas empaparte de una cultura que no es la tuya debes huir de los caminos convencionales, empezar a convivir y comportarte como aquellos de los que quieres aprender.

En aquella época ETA atentó en el centro de Madrid, y Mina quiso averiguar lo que estaba pasando. Salía cada día a la calle a recabar información, que luego explicaba a sus compañeros de piso o de trabajo. De esta manera Mina descubrió que se sentía cómoda explicando noticias e historias. Empezó a intuir que aquello podía ser su vocación, el *ikigai* que llevaba años buscando.

España había despertado su interés por el periodismo, así que cuando volvió a Seúl para cursar el último año de universidad decidió que intentaría ser reportera.

En Corea, cuando acabas la universidad, hay que estudiar un par de años para las pruebas de acceso a una cadena de televisión. Mina tomó una decisión valiente: en vez de presentar su candidatura en varias emisoras, focalizaría sus esfuerzos para entrar en la cadena más importante de Corea, la KBS. Se dijo a sí misma que, si solo disponía de una oportunidad, tenía que ir a por la mejor, y si fallaba ya haría otra cosa.

Sin tener ni idea de qué iban a preguntarle en el examen de acceso, se hizo con la revista de la KBS, donde se explicaba su programación. La estudió a conciencia y luego siguió documentándose en la biblioteca con cualquier ensayo de periodismo audiovisual que caía en sus manos.

Finalmente se presentó a las pruebas e hizo la entrevista, donde mencionó varias veces que hablaba cuatro idiomas. Mina fue la única que entró a la primera en la KBS tras superar el examen y la prueba de cámara.

Son muchos los que se centran en objetivos pequeños o medianos. Por este motivo, a menudo en las grandes metas hay menos competencia y una oportunidad de oro.

Justamente porque Mina hablaba cuatro idiomas, su debut fue en un programa de reportajes por el mundo, lo cual suponía todo un reto. Mientras a sus compañeros los mandaban a países cercanos como Taiwán o Japón, a Mina la enviaron a Sudáfrica para rodar doce episodios en los que salía trabajando en una plantación de plátanos, lanzando las redes con los pescadores locales, encima de un avestruz echando carreras o en una granja de cocodrilos.

Mina era joven, valiente y divertida. Por eso, cuando emitieron el programa fue un éxito rotundo y el público coreano se enamoró de ella. Al cabo de tres años saltó a la fama como presentadora de *The Golden Bell Challenge*, un programa de preguntas a adolescentes que tuvo muchísimo éxito, hasta que un día el jefe de informativos le preguntó a su equipo: «¿Cómo es que no tenemos a Mina? La quiero para los informativos», y así empezó a presentar las noticias en *prime time*.

Tuvo que dejar los otros programas para convertirse en la presentadora más famosa del país, pero al cabo de un año y medio no era feliz. Había llegado a lo más alto a nivel profesional, pero no se sentía ella misma. Mina era una estrella, todo el mundo quería ser como ella, pero estaba frustrada. Necesitaba expresarse y ser ella misma.

Para recalcular su ruta vital, se tomó una semana de vacaciones en las Maldivas con el fin de estar tranquila y desconectar. Allí conoció a una doctora italiana con la que conectó enseguida. El día antes de irse, su nueva amiga le dijo: «Es curioso, estaba pensando cómo voy a presentarte a mis amigos y realmente no sé quién eres. Todo lo que me has contado es sobre trabajo. Explícame, ¿quién eres cuando no estás en el trabajo?».

Mina no pudo darle una respuesta. Su vida estaba enfocada en la lucha por su carrera. Solo era KBS. Había ganado fama, popularidad, crecimiento profesional y dinero, pero se había perdido a sí misma. Durante las ocho horas del vuelo de Maldivas a Seúl no pudo dormir, solo pensaba en aquella situación.

Mina se daba cuenta de que, en el fondo, tenía miedo a soltar todo lo construido. Tenía miedo a parar de trabajar.

Tras un episodio de discriminación en su cadena por ser mujer, Mina Sohn presentó su dimisión, renunciando al puesto más cotizado de la KBS. Para recuperarse a sí misma, se dijo que el mejor lugar para reinventarse era España.

Por mucho que hayas conseguido, hay momentos en que sientes que una etapa ha terminado y necesitas empezar de nuevo. Se produce, entonces, una travesía del desierto.

Después de un año, regresó a Corea totalmente renovada. La invitaban a programas de televisión para entrevistarla y ella explicaba la cultura y la historia de España. Sin pretenderlo, se convirtió en embajadora de España en Corea.

Escribió un libro sobre España del que vendió más de medio millón de ejemplares. Comenzó a dar conferencias en universidades a alumnos que habían crecido viendo sus programas. También empezó una carrera como *coach*. En medio de este cambio de vida, aceptó la propuesta de una editorial para escribir diez libros de viajes. Querían su punto de vista, atractivo, particular y original, y le dieron libertad para elegir a qué país ir.

A Mina le pareció una oportunidad para hacer lo que realmente le gustaba: viajar y escribir su experiencia de cada país que visitaba. En 2008 se instaló en Barcelona, y posteriormente en París, donde vivió tres años. Allí escribió su primera novela. En 2012 regresó a Corea porque su padre estaba enfermo y se quedó hasta su fallecimiento.

Después de este tsunami personal, empezó a trabajar en el proyecto La Escuela de la Vida de Alain de Botton, y Arianna Huffington pidió expresamente que Mina Sohn fuese su corresponsal de la web de noticias *The Huffington Post* en Corea. Estos dos nuevos éxitos en el ámbito profesional llevaron a Mina a trabajar hasta la extenuación.

Durante un viaje de trabajo en Hawái tuvieron un accidente. En los instantes previos, cuando vio que un coche los embestía, decidió que no quería seguir así. Entendió cómo la vida puede terminar en un segundo.

Cuando despertó en un hospital, no podía mover las piernas. Intentando ser positiva, se preguntó a qué se quería dedicar si volvía a caminar.

Cuando no queremos parar, es la vida la que nos para. Hay que escuchar su mensaje antes de que sea demasiado tarde.

Una vez recuperada, Mina se preguntó si quería seguir con sus trabajos en La Escuela de la Vida y en *The Huffington Post*, si deseaba ser empresaria, si quería escribir otro libro... y su respuesta fue un no rotundo. Decidió delegar sus responsabilidades y desconectar. Viajó a Tailandia y allí se dio cuenta de que estaba sufriendo *burnout* (agotamiento profesional tras años de estrés continuado). No tenía ganas de hacer nada y no se reconocía a sí misma.

En el resort donde estaba también se había hospedado un gurú hindú y ella pidió en recepción hablar con él, pero le dijeron que su agenda estaba completa para los próximos seis meses. Aun así, le dejó un mensaje a su secretario: «Dile que es una pena, porque tengo la intuición de que mi vida será diferente si hablo con él». Al día siguiente recibió una invitación para reunirse con el gurú. Mina empezó a explicarle su vida, pero al cabo de diez minutos rompió a llorar y no podía parar. Él le explicó que una persona está formada por tres partes: la mentalidad, el sentimiento y el cuerpo.

El gurú le aconsejó refugiarse en un lugar donde pudiera estar sola consigo misma, así que decidió quedarse en el resort para escribir y practicar yoga. Su maestra le dijo: «No tengas miedo de parar y desconectar del todo».

El regreso a su país coincidió con la pandemia del COVID. Como era periodista, muchos medios en español la entrevistaban sobre cómo estaban gestionando la pandemia en Corea. Mina Sohn, sin quererlo, se convirtió en corresponsal de importantes medios extranjeros.

Mina nos explicó que Confucio venía a decir que a los treinta debes ser independiente, a los cuarenta no deberían atraerte las tonterías, a los cincuenta debes saber por qué has nacido y a los sesenta, literalmente, tus orejas van a ser blandas y no te molestará nada. Ella iba a cumplir cincuenta años, así que decidió que era el momento de hacer el Camino de Santiago para encontrarse a sí misma. El mundo llevaba mucho tiempo confinado; por lo tanto, caminar, estar en contacto con la naturaleza y conectar con gente nueva era lo que Mina necesitaba. Fue en esta aventura cuando tuvo clara su misión: conectar el mundo hispanohablante con Corea.

Un día, su peluquera le preguntó si escribiría un libro sobre el Camino y Mina se dio cuenta de que aquella había sido la experiencia más importante que había vivido. Volvía a tener ganas de escribir sus vivencias para compartirlas. El libro tuvo un gran éxito en Corea y el Camino de Santiago se convirtió en uno de los destinos europeos más visitados por los coreanos. Luego presentó su documental *El Camino*, protagonizado, dirigido y producido por ella misma.

Desde entonces, Mina Sohn sigue en su propia senda.

11

Dinero y felicidad

> Hay cosas que el dinero no puede hacer por ti; el dinero puede comprarte una casa, pero no un hogar; el dinero puede comprarte comida para poner en tu mesa, pero no el apetito; el dinero puede comprarte uno de los mejores colchones del mundo, pero no el sueño.
>
> Arzobispo LeRoy Bailey Jr.

Han corrido ríos de tinta sobre el vínculo entre el dinero y la felicidad. Todos hemos oído frases contrapuestas: «El dinero te hará feliz», o su gemela sombría: «El dinero no da la felicidad». ¿Cuál de las dos es cierta? Ambas realidades pueden serlo: hay ricos profundamente felices y otros desgraciados. Por otro lado, hay personas con pocos recursos que irradian paz y otras atrapadas en la desesperanza.

En un estudio de 2010, el psicólogo Daniel Kahneman y el economista Angus Deaton, de la Universidad de Princeton, concluyeron que el bienestar emocional se estabiliza a partir de unos 75.000 dólares anuales (unos 100.000 dólares ajustados a inflación de 2025, o 90.000 euros al cambio actual).[6] Más allá de esa cifra, los participantes no reportaban sentirse significativamente más felices en el día a día.

Este hallazgo fue interpretado como una confirmación intuitiva de lo que se sospechaba desde hacía mucho: una vez cubiertas las necesidades básicas, el dinero pierde su poder de aumentar la felicidad cotidiana.

Sin embargo, estudios más recientes han matizado e incluso negado esta visión. En 2021, el psicólogo Matthew Killingsworth, de la Universidad de Pensilvania, en un estudio publicado también en la revista *PNAS* (*Proceedings of the National Academy of Sciences*), mostró que la felicidad sigue aumentando linealmente con los ingresos, incluso muy por encima de los 100.000 dólares anuales.[7] Se analizaron datos de 30.000 personas usando una app que registraba las emociones de los usuarios en tiempo real, y se encontró que el bienestar emocional seguía creciendo conforme ganaban más dinero, sin evidencia clara de un techo en los 100.000 dólares. Es decir, según las conclusiones de Matthew Killingsworth, cuanto más dinero se gana, más felicidad.

En una ingeniosa vuelta de tuerca, en 2023 el propio Kahneman colaboró con Killingsworth en otro estudio para intentar reconciliar sus hallazgos previos.

La conclusión fue que ambos tenían razón, que todo depende de la persona. Para quienes ya son emocionalmente infelices, el dinero extra no ayuda demasiado. Pero para quienes están razonablemente bien, más dinero sí que implica más felicidad. En pa-

---

[6] Fuente: <https://www.pnas.org/doi/10.1073/pnas.1011492107>.
[7] Fuente: <https://www.pnas.org/doi/10.1073/pnas.2016976118>.

labras textuales —y técnicas— del estudio: «Descubrimos en un reanálisis conjunto de los datos de muestreo que el patrón de aplanamiento existe, pero esto solo sucede con el 20 % menos feliz de la población, y que las no linealidades complementarias contribuyen a la relación lineal-logarítmica general entre la felicidad y los ingresos».[8]

Esta conclusión parece confirmar otra sospecha de la cultura popular que hemos oído todos muchas veces: «El dinero amplifica lo que ya somos». Es decir, si eres una persona feliz, con cierto equilibrio interior, más dinero puede aportarte aún más bienestar, más libertad, más oportunidades para vivir como deseas. En cambio, si eres infeliz por naturaleza, más dinero solo te ayudará hasta cierto punto, e incluso puede tener consecuencias perniciosas al intensificar la infelicidad. Un ejemplo es que muchas personas que ganan en juegos de azar al final lo pierden todo y no pocas terminan peor que antes.

El dinero es una especie de altavoz emocional: puede ayudar a subir o bajar el volumen, pero no cambia la melodía.

El deseo mimético

Esto nos lleva a una reflexión esencial: ¿qué deseamos amplificar? ¿Merece la pena perseguir más ingresos sin cuidar las raíces de nuestro bienestar emocional, sin preguntarnos si el estilo de vida que deseamos imitar realmente nos hará felices? ¿De verdad queremos ser superricos, convertirnos en accionistas mayoritarios de

---

[8] Fuente: <https://www.pnas.org/doi/10.1073/pnas.2208661120>.

varias empresas y pasar nuestros días encorbatados en salas de reuniones?

Aquí entra en juego el deseo mimético, un fenómeno que nos afecta a todos pero que no solemos notar salvo que nos paremos a reflexionar. René Girard, el filósofo que definió por primera vez la teoría mimética, dijo que la mayoría de nuestros objetivos, ambiciones y deseos no nacen de nosotros, sino por imitación de lo que vemos en nuestro entorno.

Deseamos lo que otros desean. No porque lo necesitemos, sino porque es codiciado por otros. Tendemos a confundir lo que realmente queremos con lo que el entorno nos hace creer que necesitamos.

Si te vas a un templo zen en las montañas de Nagano y todos tus compañeros son monjes que llevan una vida agradable y sencilla, al cabo de un tiempo comenzarás a sentirte como ellos. Si ves que la gente a tu alrededor no desea nada y en tu entorno no hay nada que desear, comenzarás a no querer nada. Y cuantos menos deseos, más fácil es satisfacerlos y sentirse a gusto.

En forma de ecuación budista sería:

Sufrimiento = Deseos – Realidad de lo que tenemos

Otra ecuación de la felicidad podría ser:

Felicidad = Lo que tienes / Lo que deseas

Y hay otra más, de la cual somos muy fans los autores de este libro, que es la de Neil Pasricha:

No desear nada + Hacer lo que realmente quieres
= Tenerlo todo

La idea del minimalismo, tan en boga en nuestros días, consiste en imitar el entorno y el estilo de vida de un monje, pero sin tener que vivir en un templo. Si tiras o te deshaces de todas tus posesiones innecesarias, de repente notarás un cambio de perspectiva en tu forma de ver las cosas. Y si todos tus amigos son minimalistas, mejor, porque no sentirás otro deseo mimético.

Ahora imaginemos que vamos a Las Vegas con un grupo de cinco amigos/as que son hijos/as de familias ricas. Pasar unas noches de juerga con nuestros amigos ricos en Las Vegas puede ser divertido, pero si nos quedamos a vivir allí con ellos comenzaremos a desear ser como ellos. Querremos más y más dinero, buscaremos vivir en casas cada vez más grandes, necesitaremos vacaciones cada vez más lujosas, y sentiremos celos y envidia cada vez que conozcamos a alguien que tenga más que nosotros.

¿Pero es esto lo que de verdad queremos? ¿O lo deseamos porque otros lo muestran y lo celebran? ¿Estamos persiguiendo sucedáneos de felicidad o experiencias que nutran nuestros corazones?

Se trata solo de un ejemplo. Nadie está diciendo que ir a Las Vegas sea algo malo *per se*; quizá quieres ir a Las Vegas para ser el campeón de póker o de las apuestas. Si es lo que realmente deseas, ¡adelante!

Lo que pretendemos explicar con estos ejemplos opuestos es que, antes de exponerte a cierto entorno, es importante analizar bien si es algo que va contigo o no.

El refrán «Dime con quién andas y te diré quién eres» esconde la esencia de la sabiduría del deseo mimético.

«Eres la media de las cinco personas con las que pasas más tiempo», decía Jim Rohn. Pero no tienen por qué ser cinco, pueden ser diez o veinte. Si todas las personas a tu alrededor tienen yates y juegan al golf, seguramente quieras hacer lo mismo y ganar más y más dinero. Si, en cambio, todas juegan a las cartas y toman cañas en el bar, tú también te sentirás a gusto haciendo eso.

Comprar yates o tomarse cañas son formas de vida igual de válidas. Lo importante es reflexionar: ¿eres tú realmente quien lo ha elegido o son las personas de tu alrededor las que están decidiendo por ti y tú simplemente las estás imitando?

Una vez entramos en un entorno, una ciudad, una empresa, una universidad, o pasamos a formar parte de un grupo de amigos, caemos en las redes del deseo mimético. Terminamos estudiando algo porque nuestros amigos decidieron hacerlo, trabajando en una empresa porque tenemos amigos que están allí, yendo a vivir a cierta ciudad simplemente porque está de moda, etc.

A veces, si tienes suerte, elegir por inercia lo que hacen otros puede funcionar. Pero en otras ocasiones, al cabo de unos años puede que notes una tensión en tu interior y comiences a pensar cosas como: «No me gusta lo que estoy estudiando. Quiero dejarlo, no es algo que realmente me guste», «Odio este trabajo, no sé por qué me dejé convencer por Pepe y Ana» o «Aborrezco el estilo de vida de esta ciudad, quiero largarme».

Todos hemos caído en las trampas del deseo mimético; la clave está en darse cuenta lo antes posible. Diferenciar entre lo que realmente deseamos y lo que simplemente hacemos porque queremos emular a otros requiere autoconocimiento, honestidad y coraje.

Para ganar más autoconocimiento, responde a las siguientes preguntas, siguiendo primero la vía positiva y luego la vía negativa:

- Vía positiva: ¿A qué personas admiro? ¿Qué aspectos de estas personas me causan admiración y me gustaría imitar?
- Vía negativa: ¿A qué personas detesto? ¿Qué comportamientos de estas personas no me gustan y no quiero copiar?

Elegir bien a nuestros referentes y antirreferentes es clave. No se trata de admirar a quien tiene más fama, dinero y es adulado por otros. Ponte en la piel de la otra persona y pregúntate si quieres su estilo de vida o solamente sus logros.

Lo importante es identificar quiénes han construido una vida que respetamos.

FOMO

Uno de los venenos de la sociedad moderna que nos hacen sentir miserables es el FOMO. Es el acrónimo de *Fear of Missing Out* («Miedo de quedarse fuera»). Es decir, es la ansiedad que nos entra cuando sentimos que nos vamos a quedar fuera, que nos estamos perdiendo algo importante, que estamos siendo excluidos.

Los seres humanos somos vulnerables cuando sentimos que no se nos incluye en los planes de un grupo, cuando nadie nos invita a una fiesta, una cena o un viaje. Deseamos ser invitados, aunque sepamos que no podremos ir, solo por el hecho de no sentirnos excluidos.

Esta sensibilidad la llevamos grabada a fuego en nuestro interior porque, en las sociedades primitivas, aquellos que eran ignorados por su familia y su tribu tenían menos probabilidades de sobrevivir.

De igual modo, también es lo que nos hace unirnos a movimientos sociales y políticos, identificarnos con un equipo de fútbol, con una banda de música, con una marca de ropa...

Sentir FOMO de vez en cuando es algo humano y natural.

El problema actual es que estamos expuestos a tanta información que resulta muy difícil escapar de la sensación de que nos estamos perdiendo algo mejor.

En las redes sociales parece que todo el mundo está en el gimnasio, que todos viven en alguna isla paradisiaca, que todos están desayunando, comiendo y cenando en restaurantes de lujo, que todos compran ropa de marcas caras, que todos están tomando cien suplementos para ser más jóvenes, que todos están meditando, que todos tienen startups millonarias e invierten en criptomonedas...

Ante este bombardeo de información, de repente, empezamos a pensar que deberíamos hacer lo mismo. Esta comparación constante con otros nos genera ansiedad y nos hace tomar decisiones precipitadas de las que más tarde podemos arrepentirnos.

El FOMO, igual que el deseo mimético, no nos llevará a la verdadera paz.

No todo lo que brilla es para nosotros.

Darse cuenta de que no necesitamos estar en todas partes es el primer paso para liberarse de las garras del FOMO.

Para combatirlo tenemos el JOMO, acrónimo de *Joy of Missing Out* («Alegría de perderse algo»). La idea del JOMO es que, en vez de sentirnos mal al ser excluidos, el no ser parte de algo, o no tener lo que otros tienen, es la mejor estrategia para sentir alegría. Estamos alegres porque tenemos tiempo para nosotros y podemos hacer lo que realmente queremos.

El mensaje del JOMO es: alégrate por lo que tienes, alégrate por tener a tus amigos, a tu familia, tu trabajo, tu conocimiento, tu salud… ¡Alégrate por todo eso! En vez de amargarte pensando en lo que no tienes.

Para ejercitarte en el JOMO, escribe una lista de cosas que tienes ahora mismo por las que sientes gratitud. Pon todo lo que se te ocurra, por obvio que te parezca.

Estoy agradecido/a por:

- Estar vivo y respirando.
- Mi salud y la de mis seres queridos.
- Tener cada día la compañía de mi marido/mujer, hijos/hijas.
- Contar con suficiente dinero en el banco para tener un cobijo y comer cada día.
- Disponer de un rato libre esta noche para leer o ver una película.
- Tener a mis amigos/as, con quienes voy a quedar la semana que viene.

Algunas ideas clave del dinero y la felicidad

- Los estudios muestran que el efecto del dinero en nuestra felicidad depende más de nuestra disposición interna que de la cantidad que tengamos.
- El dinero puede aumentar la felicidad, pero solo si nuestro corazón se asienta en la gratitud.
- El deseo mimético nos puede llevar a perseguir vidas ajenas, haciéndonos olvidar quiénes somos realmente.
- Elijamos a quién admiramos. Que no sea por lo que tiene, sino por su forma de vivir.
- Para combatir la ansiedad de sentir que nos estamos perdiendo cosas interesantes todo el tiempo (FOMO), aprendamos a cultivar la alegría de perderse cosas (JOMO) que no van con nosotros. Eso nos ayudará a centrarnos en hacer lo que realmente queremos.

12
Transiciones

> El viaje puede ser duro, pero confía en el proceso. Te está moldeando para ser la persona que estás llamada a ser.
>
> MANDY HALE

Es común entre las personas brillantes que tras dedicar su vida a una cosa, de repente, descubran que su verdadera vocación es otra.

No hay nada malo en cambiar de rumbo, incluso en la madurez. A veces no es una opción, sino algo necesario. Hay casos en los que se ha planeado durante años; en otros, es una reacción a una insatisfacción subyacente y crónica.

Habituados a un ritmo de vida y a tener un sueldo, transicionar no es fácil. Y, según la edad y las responsabilidades que tengamos, se puede convertir en una misión más o menos arriesgada.

Nosotros, los autores de este libro, transicionamos. Francesc pasó de trabajar de editor en un sello de autoayuda a escribir y publicar por su cuenta, y Héctor transicionó de trabajar como ingeniero de software a ser escritor.

Somos conscientes de la dificultad de un cambio radical en la carrera profesional de cada uno. Por eso proponemos tres métodos diferentes.

¿Cuál es el tipo de transición que más se adapta a tu personalidad?

Método 1. Las cuatro fases

Este es el método recomendado para quienes no se pueden permitir correr riesgos o son reacios a ello. Este tipo transición se divide en cuatro etapas:

1. *Etapa de descubrimiento*. Aparece una nueva idea o pasión que de repente capta tus sentidos. Aunque hasta ahora hayas desarrollado una actividad totalmente distinta, la mecha ha prendido dentro de ti. Este nuevo *ikigai* se vive como una revelación. Te embarga la sensación de estar, por fin, en el lugar correcto. Incluso llegas a pensar que has nacido para esto. Vivir una situación dramática puede ser el germen de un nuevo despertar. Frida Kahlo descubrió su pasión por la pintura después de que un terrible accidente de tráfico la dejara postrada en la cama durante meses, además de pasar por innumerables operaciones. Al tomar conciencia de su propia fragilidad y lo efímera que puede ser la vida, decidió invertir el tiempo que le quedase en el arte, que hasta entonces no había llamado a su puerta. Murió a los cuarenta y siete años siendo, probable-

mente, la pintora más influyente del siglo XX. Sin tratarse de un disparador tan funesto como el de Frida, durante la pandemia muchas personas descubrieron lo que verdaderamente querían hacer en su vida. La incertidumbre y la sensación de cercanía de la muerte impulsaron el deseo de una existencia más auténtica y trascendente, querían hacer algo que ayudara al mundo y dejara huella.

2. *Etapa de preparación*. Si la nueva pasión que has descubierto no se esfuma, es decir, no es un capricho pasajero, debes plantearte una serie de preguntas y obrar en consecuencia. ¿Qué formación y experiencia necesito para alcanzar la excelencia? ¿Qué maestros o mentores pueden guiarme? ¿Dispongo de capital para lo que me he propuesto? ¿Dónde puedo obtenerlo y cuánto tiempo necesito para ahorrarlo? Una vez arranque el proyecto, ¿cuándo puede generar suficientes ingresos para dejar mi trabajo actual? Si has descubierto, por ejemplo, que tienes madera de terapeuta pero te falta formación, tendrás que empezar por ahí. Luego añade un tiempo para ir haciendo una buena cartera de clientes, que en el caso de la psicología se calcula que son cuatro años de promedio. Se puede acelerar si el terapeuta está presente en redes, si participa en congresos o da charlas, de modo que se dé a conocer cada vez a más personas.
3. *Etapa de compaginación.* Durante el proceso anterior, vas a tener que simultanear las dos vidas. Un ejemplo sería un empleado bancario que se plantea ser conferenciante y, mientras se está formando, tiene que seguir

acudiendo a la oficina. En el caso de trabajar por cuenta propia o tener un negocio, la ventaja es que se puede modificar la carga de horas que se dedican a la actividad primaria a medida que la nueva pasión va generando más ingresos, como una balanza que se va decantando hacia el lado donde ponemos más peso.

4. *Etapa del cambio final.* Llega el momento de la transición final y uno puede sentir que se abre un abismo bajo sus pies. Una vez más es cuestión del riesgo que estemos dispuestos a asumir. Por ejemplo, podemos dar el salto cuando nuestra actividad secundaria llegue al 80 % de los ingresos que obtenemos con nuestro trabajo de toda la vida. O quizá nos sintamos más seguros cuando pasemos la barrera del 100 %, es decir, cuando ganemos más dinero con nuestra nueva pasión. En términos prácticos, lo que sucede es que, más que en función del dinero, el momento de inflexión suele llegar cuando consigues ser tan bueno en tu actividad secundaria que el mundo te grita que cambies.

Método 2. Ahorros y sabático

Esta es la transición recomendada para quienes pueden ahorrar bastante en su situación actual y están dispuestos a asumir cierto nivel de riesgo. Se divide en dos etapas:

1. *Etapa de ahorro*. Dedica unos años a acumular dinero en una cuenta destinada solo a tener una reserva finan-

ciera. Incluso puedes aprender a invertir este dinero para que crezca a más velocidad.

2. *Etapa sabática*. Deja tu trabajo y pasa unos meses viviendo de tus ahorros, viajando o experimentando aquello que siempre has deseado hacer y para lo que nunca tenías tiempo. Si ya sabes lo que quieres hacer cuando termines estas largas vacaciones, ve preparándote para la transición. Si, por el contrario, todavía no has decidido cuál será la siguiente fase de tu vida, déjate llevar por la serendipia hasta que una nueva oportunidad te atraiga lo suficiente como para volcar tu vida en ello.

Método 3. Tirarse a la piscina

Apto únicamente para aquellos que no tengan nada que perder. Este método solo tiene un momento de inflexión: deja lo que estés haciendo ahora y da el salto hacia aquello que sientas que es tu verdadera pasión. Pero, incluso para los más audaces, antes de tirarse a la piscina conviene responder a estas preguntas:

- ¿Qué es lo peor que puede pasarme con este cambio?
- ¿Cuál es mi plan de contingencia?

Deja las puertas abiertas para volver a tu vida anterior por si las cosas no salen como esperabas. Siempre podrás hacer lo que hacías antes.

A continuación presentamos cuatro casos de transiciones. Dos son de amigos nuestros y los otros dos son de personas que han ganado fama mundial pero que tuvieron unos comienzos humildes y difíciles.

¿Qué habría sido de ellos si nunca hubieran transicionado?

Sin importar el tipo de transición, hay algo común en todas estas historias: todos llegaron a ser tan buenos en algo que el cambio fue inevitable.

De empleado en una empresa de publicidad a mangaka

Nombre: Akira Toriyama
Edad en la transición: 23
Tipo de transición: ahorros y sabático

Akira Toriyama comenzó a trabajar en una empresa de publicidad en Nagoya. Pero no era un buen empleado. Solía llegar tarde por las mañanas y su jefe le echaba la bronca. Se cansó pronto de tener que ir a una oficina y decidió dejar su trabajo fijo, algo a lo que sus padres se oponían. En aquella época, en Japón, abandonar un empleo en una empresa estaba mal visto.

Aun así, siguió viviendo en casa de sus padres y tiró de sus propios ahorros durante meses. Pasaba el tiempo leyendo, yendo al cine, construyendo y pintando maquetas de coches y aviones.

Un día fue a una cafetería donde tenían revistas de manga para los clientes. En una de ellas anunciaban un concurso para amateurs. Lo que más le llamó la atención a Akira Toriyama fue que el ganador recibiría un premio de un millón de yenes. Era una cifra sustanciosa, equivalente a varios meses de sueldo.

De vuelta en casa, se puso a dibujar y a escribir viñetas y envió su primer manga al concurso. No ganó, pero no se rindió. Buscó otra revista en la que podía participar una vez al mes en un premio para principiantes. De nuevo se quedó sin premio.

Aun habiendo perdido, Kazuhiko Torishima, el editor que revisaba cada mes los cómics enviados por los participantes del concurso, vio talento en él. Le envió un telegrama, animándole a trabajar en su revista, y así es como empezó una relación que culminaría con la creación de *Dragon Ball*, uno de los mangas más vendidos de la historia.

Con todo, fueron necesarios muchos años de arduo trabajo antes de llegar al éxito rotundo.

El primer manga que envió a su editor y se publicó fue *Wonder Island*. No tuvo éxito y Akira Toriyama estuvo a punto de tirar la toalla y abandonar su carrera de mangaka. Nuevamente, Kazuhiko Torishima le animó a seguir y publicaron *Wonder Island 2*, que también fracasó.

Durante casi dos años, Akira Toriyama publicó más de 500 páginas de manga en la revista *Weekly Shōnen Jump* bajo la dirección de Kazuhiko Torishima. Pero nada funcionaba hasta que nació *Dr. Slump*, un manga en el que la protagonista es una chica robot. *Dr. Slump* fue un éxito rotundo, llegó a vender más de 35 millones de copias[9] solo en Japón y fue adaptado a serie de animación por Fuji TV.

Cuatro años después del inicio de *Dr. Slump*, Akira Tori-

[9] Fuente: <https://www.comipress.com/article/2008/12/31/3733>.

yama le confesó a su editor que estaba cansado y que quería hacer algo diferente. Fue entonces, en 1984, cuando nació *Dragon Ball*, un fenómeno mundial que marcó la infancia de varias generaciones.

En síntesis, Akira Toriyama dejó su trabajo en una agencia de publicidad, disfrutó de una época sabática en casa de sus padres hasta que encontró una nueva oportunidad que le llamó la atención, aquella revista que anunciaba el concurso en el que decidió participar. Esto le llevó a conocer a Kazuhiko Torishima, el editor que cambiaría el curso de su vida.

El resultado, después de varias décadas de duro trabajo, fue *Dragon Ball*, el cual ha vendido más de 260 millones de copias.

Honey Loves to Cook

Nombre: Honey
Edad en la transición: 26
Tipo de transición: las cuatro fases

Honey es tailandesa, nació en Bang Pa-in, provincia de Ayutthaya, y vive en Bangkok. Para costearse los estudios y ayudar económicamente a su madre, empezó a trabajar de camarera en un restaurante español. Más tarde consiguió un contrato en una multinacional de hoteles de lujo que tiene varios hoteles en la capital del país.

En ese puesto disfrutó durante años de los beneficios y la tranquilidad de tener un buen sueldo, así como de la seguridad de un contrato fijo.

Sin embargo, durante los primeros meses de la pandemia, la actividad en los hoteles de Bangkok se redujo al mínimo y los empleados tuvieron que quedarse confinados en casa varias semanas. Honey se aburría, hasta que un día decidió comprar un pequeño horno de segunda mano por 15 euros. Con él aprendió a hacer galletas y brownies para compartir con su familia y sus amigos.

«Nadie me animó nunca a vender, pero montar un negocio era mi intención desde el principio», nos cuenta Honey.

Empezó a utilizar apps de venta de comida y servicios online. Al principio no tenía un local, seguía horneando las galletas en casa, y cada vez que le hacían un pedido iba un repartidor con la moto a su puerta.

Poco a poco fue ganando clientes. Las ventas iban en aumento y saltó a la fama en las redes sociales. Había llegado el momento de la etapa de cambio final. Honey dejó su trabajo fijo en la empresa hotelera para dedicarse a tiempo completo a su negocio de galletas.

Honey nos cuenta lo que la llevó a dar el paso final: «Aunque me despertaba a las siete de la mañana para hornear galletas antes de ir al trabajo, no me daba tiempo a atender todos los pedidos. Había tantos clientes reclamando mi atención que no podía compaginarlo todo. Ese fue el momento en el que decidí abandonar mi trabajo de asalariada. La decisión la tomé por la frustración que sentía al ver cómo me llegaban pedidos sin parar, pero yo estaba atrapada en mi trabajo en el hotel, deseando terminar y volver a casa para ponerme a hornear».

Es decir, más que por el dinero, el momento de inflexión llegó porque las galletas eran tan buenas que se vio impulsada al cambio.

Su filosofía es hornear galletas deliciosas y enviarlas a domicilio a cualquier hora del día. Hablando con Honey, nos cuenta que ahora tiene dos locales con trece empleados/as y planea seguir expandiéndose.

Si viajas a Bangkok, puedes probar sus galletas buscando @honeylovestocook en redes sociales y en aplicaciones para pedidos online.

Este es el resumen de la historia de Honey, analizada como una transición de cuatro fases:

1. *Fase de descubrimiento*. En los días de encierro de la pandemia decide comprar un horno pequeño.
2. *Fase de preparación.* Usando recursos online, aprende a hacer galletas y, a base de práctica, crea sus propias galletas originales.
3. *Fase de compaginación.* Comienza a vender galletas a través de las redes sociales y usando servicios de reparto a domicilio. Poco a poco, el negocio empieza a funcionar y, con lo que gana, compra un horno más grande.
4. *Fase de cambio final.* Llega un momento en que Honey está casi más ocupada con el negocio de las galletas que con su empleo en el hotel y ya tiene buenos ingresos. Le es imposible seguir compaginando ambas cosas. Toma la decisión de abandonar su puesto fijo con un buen salario y dedicarse al cien por cien a las galletas. Además de seguir con las ventas online, abre dos locales en Bangkok.

De abogado a escritor

Nombre: Andrés Pascual
Edad en la transición: 35
Tipo de transición: las cuatro fases

Andrés Pascual era un joven abogado de éxito. Tenía bufete propio, que había heredado de su abuelo, una nutrida cartera de clientes y una vida acomodada en Logroño, capital de la región vinícola de La Rioja.

Al final de un viaje a Asia, se estaba cortando el pelo en una barbería de Nepal cuando le dijo a su esposa: «Quiero escribir una novela sobre todo lo que hemos vivido. Y de las gordas».

Una vez en España, empezó a arañar tiempo para escribir lo que acabaría siendo *El guardián de la flor de loto*, una novela que, tras un par de años de correcciones, se publicó en una gran editorial. Sin llegar a entrar en la lista de los más vendidos, se convirtió en un *long seller*, y la editorial animó a Andrés a que escribiera un segundo libro.

Fue en ese contexto cuando empezó a albergar un sueño cargado de dudas: ¿podría llegar a vivir de la literatura? Su primera obra no le había reportado dinero suficiente para cubrir sus gastos; como mucho, le daba para costearse el siguiente viaje. En suma, seguía dependiendo del bufete. Si quería cambiar de profesión y de modo de vida tendría que planear una transición.

Andrés había completado ya las dos primeras fases del proceso. Había descubierto su vocación de escritor y se había preparado —con la ayuda de una agente literaria y de quien sería su editora— para debutar con la mejor novela posible. Sin embargo, para poder vivir de la literatura tendría que pasar por dos fases más. La de compaginación se prolongaría, en su caso, nada menos que diez años.

Andrés Pascual seguía yendo al bufete para atender a sus clientes, pero fue reduciendo paulatinamente las horas que dedicaba a la abogacía para tener más tiempo para escribir. Invirtió un par de años en su segunda novela, *El compositor de tormentas*, con la que quedó finalista de un importante premio literario.

Obtuvo por ello una compensación económica, y además seguía cobrando cada año los royalties de su primera novela, que se iba reeditando en diferentes formatos. Estaba monetizando cada vez más su nuevo *ikigai*, pero no sería hasta después de publicar algunas novelas más que se sintió con suficiente músculo económico para pasar a la cuarta fase.

El cambio final llegó cuando recibió un primer premio de novela histórica por *Taj*, donde relataba la construcción del mítico Taj Mahal. Además de los ingresos que obtenía por sus libros, Andrés empezaba a dar algunas charlas para empresas e instituciones, con lo que decidió que había llegado el momento de asumir el riesgo.

Diez años después del inicio del proceso, entregó a un amigo y socio las llaves del despacho, junto con su cartera de clientes. Ahora se dedica a tiempo completo a escribir y a desarrollar su carrera de conferenciante.

De limpiar cuartos de baño a crear la empresa más grande del mundo

Nombre: Jensen Huang
Edad en la transición: 30
Tipo de transición: tirarse a la piscina

Jensen Huang nació en Taiwán en 1963. Cuando tenía nueve años, sus padres les enviaron a él y a su hermano mayor a vivir con un tío suyo al estado de Washington, en Estados Unidos. Nada más llegar, sin apenas hablar inglés, entraron en el instituto. Cuando cumplió quince años, se puso a trabajar en un restaurante de la cadena Denny's. Empezó lavando platos y limpiando los cuartos de baño del establecimiento, pero con el tiempo terminó siendo ayudante de camarero.

Estudió Ingeniería Eléctrica en la universidad y, tras graduarse, entró a trabajar en AMD como diseñador de microprocesadores.

El momento de su transición llegó en 1993, cuando tenía treinta años. Dejó su trabajo como empleado y cofundó su propia empresa. Curiosamente, se gestó en un restaurante Denny's, esta vez como cliente.

Jensen había quedado para comer con sus amigos Chris Malachowsky y Curtis Priem en un Denny's de Silicon Valley. Durante esta primera reunión, idearon el inicio de Nvidia, empresa que cofundaron los tres juntos. Su primer producto sería una tarjeta aceleradora de gráficos.

Al principio no les fue bien. Su aceleradora gráfica no se vendió lo suficiente y estuvieron al borde de la bancarrota. Tuvieron que despedir a cien empleados y necesitaron que Sega invirtiera varios millones en ellos para rescatarlos.

Sin embargo, en 1997 lanzaron la que se considera como una de las primeras GPU (*Graphic Processing Unit*) de la historia, que integró aceleración 3D con 2D. Pronto, los chips de Nvidia se convertirían en los favoritos de toda una generación de jugadores de videojuegos, propulsando el éxito de la empresa.

Durante las últimas dos décadas, los avances en algoritmos de inteligencia artificial favorecieron a Nvidia, ya que se descubrió que sus GPU, además de ser buenas para la aceleración de gráficos en videojuegos, también eran excelentes para «entrenar modelos» de inteligencia artificial. Jensen Huang supo adaptarse a esta tendencia mejor que nadie y ahora producen los chips más potentes del mundo, que están sentando las bases de la revolución de la IA.

En 2024 alcanzó el primer puesto, llegando a ser la empresa con mayor capitalización bursátil del mundo, superando a Microsoft y Apple.

Datos curiosos de Jensen Huang:

- Jensen atribuye su dedicación y su capacidad de trabajo a su experiencia en el restaurante Denny's: «Recomiendo a todo el mundo un primer empleo en el sector de la hostelería, ya que te enseña humildad y a trabajar duro».
- Jensen nunca lleva reloj y cuando le preguntaron en una entrevista dijo: «La razón por la que no uso reloj es porque el ahora es el momento más importante. Soy partidario de dedicarse plenamente al presente. Rara vez estoy persiguiendo cosas, estoy concentrado en el ahora».

- No tiene despacho o un asiento asignado en las oficinas de Nvidia. Va a las salas de reuniones y se mueve por los puestos de diferentes empleados, dirigiéndose a ellos no como el CEO, sino como un compañero más.
- No le gustan las jerarquías rígidas. Tiene a cincuenta personas que tratan directamente con él y le informan de todos los asuntos. Lo habitual en un CEO de una gran multinacional suelen ser menos de diez.
- Al igual que Steve Jobs aparecía siempre con jersey de cuello alto en las presentaciones públicas, Jensen Huang se ha ganado la reputación de ser *cool* por dar sus charlas con una chaqueta negra de cuero.

Tabla resumen de tipos de transiciones

Tipo de transición	Nivel de riesgo	Descripción
Las cuatro fases	Bajo	Camino recomendado para aquellos que no son propensos al riesgo o están en una fase de la vida en la que no sería razonable arriesgar innecesariamente. Este método se divide en cuatro fases: – *Fase de descubrimiento*: algo capta tu atención y sientes que quieres dedicarte a ello. – *Fase de preparación*: comienza a trabajar y en tu tiempo libre aprende sobre aquello a lo que aspiras hasta alcanzar cierto nivel de competencia. – *Fase de compaginación*: monetiza tu producto o servicio, es decir, pide dinero por lo que haces, a la vez que lo compaginas con tu trabajo actual. – *Fase de cambio final*: cuando el dinero que ganas con tu nueva actividad sea suficiente, es el momento de dejar tu trabajo anterior y dedicarte a tiempo completo a tu «negocio *ikigai*». Según tu nivel de riesgo, puedes definir cuánto es suficiente: el 50 % de lo que ganas ahora, el 80 % o el 100 %.
Ahorros y sabático	Medio	Recomendada para los que están dispuestos a correr cierto nivel de riesgo. Se divide en dos etapas: – *Etapa de ahorro*: acumula dinero en una cuenta de ahorros. – *Etapa sabática*: época para hacer lo que siempre has querido pero para lo que nunca tenías tiempo, explorando nuevos caminos, hasta transicionar a algo nuevo.
Tirarse a la piscina	Alto	Para aquellos que pueden arriesgarlo todo porque las circunstancias de la vida se lo permiten o su personalidad es apta para este tipo de aventuras. Este método solo tiene un momento de inflexión: saltar directamente hacia tu verdadera pasión.

13

Murcia compitiendo contra los grandes de Silicon Valley

Javier y Emilio fundaron dos de las startups con más éxito en el siglo XXI en Europa. Primero crearon Erasmusu, una comunidad online para jóvenes estudiantes. Construyeron esta red social desde cero, sin pedir ayuda económica a terceros.

Este método para iniciar una startup se conoce como *bootstrapping*. Muchas personas piensan que sin inversores no es posible crear una empresa. Sin embargo, especialmente cuando somos jóvenes y todavía no tenemos obligaciones como mantener una familia o pagar una hipoteca, es posible empezar con casi nada. Eso sí, no resulta fácil. La vía del *bootstrapping* requiere sacrificios: vivir en un piso compartido para pagar menos alquiler, llevar una dieta espartana de pizza-arroz-ramen, trabajar incluso los fines de semana, no viajar para evitar gastos innecesarios, dormir en la oficina…

Un ejemplo clásico de *bootstrapping* fue el de los inicios de Apple. Steve Jobs vendió su coche, un Volkswagen, y Steve Wozniak vendió su calculadora favorita, una HP-65. En el mercado de segunda mano consiguieron 1.300 dólares con los que construyeron el primer prototipo del Apple I. Para ensamblar este ordenador, usaron como «taller» el garaje de la casa de Steve Jobs. Poco después, Byte Shop les encargó 50 ordenadores Apple I, que también montaron en el garaje, y con estas ventas obtuvieron unos 25.000 dólares que reinvirtieron en el negocio.

Este nivel de dedicación y sacrificio impresionó a Mike Markkula, quien decidió invertir en ellos. Al recibir capital de terceros, técnicamente terminó la fase *bootstrapping* de Apple y se inició el camino que los llevó a ser la empresa con mayor capitalización bursátil del mundo.

Usar el método del bootstrapping, *ya sea para iniciar un negocio o para llevar a cabo un proyecto de vida, significa salir adelante y lograr algo solo con tus propios recursos y esfuerzo, sin ayuda externa.*

En el caso de Javi y Emilio, al terminar la universidad decidieron iniciar un proyecto juntos siguiendo el modelo del *bootstrapping*.

En palabras de Javi: «Durante una semana estuvimos haciendo *brainstorming* para decidir en qué ponernos. Lo que teníamos claro era que íbamos a dejar nuestros respectivos trabajos y lanzarnos a hacer algo propio».[10]

En sus ratos libres, sobre todo los fines de semana, crearon una red social para estudiantes internacionales. La oficina la montaron en el cuarto de la plancha del piso de Emilio en Murcia, y

---

[10] Fuente: <https://www.kirainet.com/erasmusu-la-red-social-de-los-erasmus-y-estudiantes-internacionales/>.

usaban ordenadores viejos para no gastar en nuevos equipos. Tras ocho meses de duro trabajo, lanzaron al mundo la versión beta de Erasmusu.

Al principio, solo se juntaban en su tiempo libre y aportaban dinero entre todos para los gastos. Javi nos cuenta: «Era como una comunidad hippie. Empezamos siendo cuatro y cada uno teníamos nuestros proyectos y trabajillos particulares. Y el proyecto común que nos unía era Erasmusu. Cada uno le dedicábamos lo que podíamos y el resto del tiempo Emilio trabajaba en el Servicio de Empleo y Formación como informático y aportaba algo de dinero. Adrián, Iván y yo hacíamos chapucillas: programábamos videojuegos, apps, webs, diseñábamos logos, etc. Lo que fuera que nos diera algo de dinero. Lo que íbamos ganando lo metíamos en el bote de la comunidad. Este sistema funcionó hasta que Iván y Adri, ya cansados, abandonaron, pensando que Erasmusu nunca saldría adelante. Pero al cabo de años, finalmente conseguimos sacarlo a flote».

Desde el principio, Erasmusu tuvo una misión alineada con los cuatro círculos del dinero que vimos en el capítulo 2, es decir, la intención de la empresa era ayudar a los demás y crear valor. La misión de Javi y Emilio era, en sus propias palabras: «Queremos hacer algo útil para la gente. En concreto, queremos que todos y cada uno de los estudiantes de programas de movilidad a nivel internacional encuentren una gran utilidad en erasmusu.com y lo utilicen antes, durante y después de su periodo de intercambio. Esa es nuestra meta más inmediata».

Poco a poco, Erasmusu fue creciendo y reinvertían todo lo que ganaban en ampliar el negocio.

Cuando Erasmusu ya tenía muchos usuarios y estaba ganando algo de dinero, Javi se trasladó a Japón, pero siguió con su filosofía frugal. Se alojó en un cuchitril de Ikebukuro y trabajaba en remoto utilizando un viejo y gigantesco ordenador portátil. En este viaje, en un restaurante de la cadena de Yoshinoya en Shinjuku, donde cenamos por 500 yenes (tres euros), fue donde Javi nos contó los comienzos de Erasmusu.

Incluso cuando empezamos a ganar dinero, es importante mantener una actitud frugal.

Además de llevar un estilo de vida espartano durante años, también fueron cuidadosos de no gastar de más a la hora de operar la red social. En vez de depender de servicios caros de *hosting*, consiguieron que toda la red social funcionara en un único servidor con solo 384 MB de memoria. Además, tampoco gastaban en publicidad. Javi utilizaba su blog, una lista de correos y otras redes sociales para darse a conocer.

El equipo de Erasmusu fue creciendo, y uno de los criterios de Javi y Emilio para contratar a nuevos empleados era: «Lo que necesitamos son personas capaces de encontrar la forma de que las cosas sean posibles. Los motivos para que las cosas no sean posibles ya me los sé». Es decir, buscaban personas con la mentalidad de que la mayoría de las imposibilidades pueden transformarse en posibilidades.

Los emprendedores y las personas creativas buscan motivos, ideas, métodos y soluciones para transformar las imposibilidades en posibilidades.

Once años después de fundar la empresa, haciendo *bootstrapping* desde el principio hasta el final, ya que nunca tuvieron inversores, Javi y Emilio vendieron Erasmusu por varios millones de euros.

Tras la venta, viajaron y se tomaron una temporada sabática. Pero llegó un momento en que no pudieron evitar volver a tirarse a la piscina. Esta vez crearon Magnific AI, también desde cero y haciendo *bootstrapping*, sin inversión de terceros. Este servicio de generación y retoque de imágenes usando inteligencia artificial es una de las startups que más rápido ha crecido en las últimas décadas.

No hay límites a lo que puedes conseguir, sin importar el lugar en el que estés. Una startup murciana superó en velocidad de crecimiento a muchas tecnológicas americanas.

Netflix tardó tres años y medio en conseguir su primer millón de usuarios. En cambio, Magnific AI, nacida en Murcia, superó a Netflix en velocidad de crecimiento, llegando al millón de usuarios en tan solo ocho meses.

Una vez más, decidieron vender. Fue una de las ventas más anunciadas en la comunidad de startups europea en 2024.

¿Qué les deparará el futuro a estos dos murcianos? ¿Volverán a tirarse a la piscina?

Este es un resumen de la filosofía de Javi y Emilio:

- No tener miedo a empezar de cero: tirarse a la piscina es mejor que quedarse paralizado.
- *Bootstrapping*: no depender de inversiones de terceros.
- Frugalidad: si hay opción de hacer lo mismo sin gastar dinero, elegir siempre la opción más barata.
- Misión alineada con los cuatro círculos del *ikigai* del dinero: cómo crear algo que ayude a los usuarios y añada valor neto a la sociedad.
- Pivotar: si algo no termina de funcionar no hay que tener miedo a descartarlo y probar algo diferente.
- Generosidad: con Magnific AI decidieron regalar un millón de dólares en suscripciones.
- Sin secretos: Javi es famoso por compartir prácticamente todo lo que sabe y lo que hace, incluyendo consejos sobre cómo invertir, en su cuenta @javilop en X (antes Twitter).
- Velocidad de iteración: con su segunda empresa, Magnific AI, Javi y Emilio consiguieron crear un servicio superior a Adobe, Google, Microsoft o ChatGPT. ¿Cómo es posible que solo dos personas superaran a empresas con centenares de miles de empleados? No tener que lidiar con burocracia es una gran ventaja para lanzar productos o versiones mejoradas más rápidamente, sin la necesidad de pedir permiso a nadie.

- Herramientas y tecnologías sencillas: no es necesario utilizar sistemas punteros para tener éxito. De hecho, muchas veces lo más sencillo y resiliente es la mejor opción. Tanto Erasmusu como Magnific AI fueron creadas usando tecnologías que existen desde el siglo pasado: html, php, css y javascript. Solo cambiaron a tecnologías más modernas una vez tuvieron claro que eran servicios deseados por sus usuarios. El mismo principio se puede utilizar para las herramientas de un artista. George R. R. Martin, el autor de *Juego de tronos*, es famoso por seguir utilizando el mismo procesador de textos que aprendió a usar en los años ochenta. No necesita ordenadores nuevos ni software moderno para escribir una de las series de novelas más populares del mundo.

La técnica de las sardinas

Hemos contado los éxitos, pero la realidad es que Javi es un experto en lanzar proyectos fallidos. Antes de Magnific AI, durante su época «sabática», trabajó en muchos proyectos e ideas. Algunas terminaron abandonadas en el disco duro de su ordenador y otras llegaron a ser publicadas en internet, pero no fueron a más.

Para organizarse a la hora de decidir con qué proyectos seguir avanzando y cuáles conviene retirar, Javi utiliza una técnica, inventada por él, que consiste en ver nuestras ideas como sardinas frescas. Si no avanzamos y no trabajamos nuestros proyectos, terminarán pudriéndose.

Según Javi, podemos categorizar los proyectos que estamos incubando en:

— UNA SARDINA: huele un poco.
Adelante, sigue trabajando duro.
— DOS SARDINAS: comienza a apestar.
Lanza tu idea al mundo ya, si no pronto morirá.
— TRES SARDINAS: se ha podrido.
Es hora de descartar. Demasiado tarde, a la basura.

14

Marcos mentales para ganar sin estrés

La clave de la abundancia es enfrentarte
a circunstancias limitadas con un
pensamiento ilimitado.

MARIANNE WILLIAMSON

Hay una tendencia popular en las redes sociales, sobre todo en Estados Unidos, que aboga por esforzarse al máximo sin descansar para nada. En inglés se utiliza la expresión *Hustle and grind* («Lucha y trabaja duro»). Según esta filosofía, no hay tiempo para relajarse; cada segundo que estás despierto tienes que trabajar, sin pensar en las consecuencias. Descansar es de perdedores.

Este método quizá funcione durante una etapa, pero a largo plazo es insostenible.

La mayoría de las cosas en las que trabajamos en la vida no son esprints, son maratones. Si no dosificas tu energía terminarás agotado. Si tu cuerpo y tu mente dejan de funcionar, no podrás seguir corriendo la maratón. El término inglés *burnout* («desgaste profesional») define el estado en el que te encuentras cuando estás totalmente quemado a causa del estrés, hasta el punto de que lo único que deseas es dejarlo todo y escapar.

No es cuestión de trabajar más duro, sino de conocerse a uno mismo y trabajar de forma inteligente ateniéndote a un equilibrio saludable entre trabajo y vida personal.

Esto no quiere decir que tengamos que ser unos vagos; estamos de acuerdo en que hay que darlo todo cuando trabajas en aquello que te apasiona. ¡Sí! Hay que darlo todo, pero sin que afecte a nuestra la salud. Es importante conocer nuestros límites.

El *hustle and grind* es un ejemplo de mentalidad que nos puede ser útil en una época de la vida en la que estamos llenos de energía, pero si abusamos, puede ser perjudicial. Equilibrar el trabajo, el ocio y la vida personal es otra forma de operar y podemos elegirla en cualquier momento.

Es importante conocer diferentes mentalidades o formas de estar en el mundo, porque si no somos conscientes de su existencia podemos caer en la trampa de vivir, sin ni siquiera saberlo, con una actitud negativa que nos hunde.

Los modos de pensar negativos tienen el poder de destruirnos tanto emocional como económicamente.

Mentalidad de abundancia *vs.* mentalidad de escasez

La mentalidad de escasez es aquella que ve límites en todo. Esta es la visión del mundo de quienes creen que, si otros ganan, ellos van a perder, o que, si otros tienen éxito, ellos van a ser miserables.

Piensan que los clientes son limitados y que la competencia los hundirá.

Nunca tienen tiempo para nada.

Creen que el amor es escaso.

Creen que no hay comida suficiente para todos.

Creen que las buenas ideas son raras y no hay que compartirlas.

Creen que las oportunidades son pocas y hay que pelearlas.

Desde esta perspectiva de la escasez, cualquier aspecto de la vida se ve a través de la lente de la competencia. Quien vive desde la escasez tiende a acumular, controlar y compararse continuamente con otros. Siente envidia cuando a otros les va bien. Se aferra a lo conocido, incluso si ya no le sirve. Confunde precaución con miedo. Y, sin saberlo, con su negatividad, sabotea sus propias posibilidades de crecimiento.

Se podría resumir como *win-loose* («ganar-perder»); es decir, solo uno puede ganar y los demás tienen que perder.

Sin embargo, la mentalidad de abundancia parte de la premisa de que hay de sobra para todos. Que la vida no es un juego de suma cero. Que la creatividad es infinita si la alimentamos y las ideas nunca se terminan. Que el talento de todos crece cuando lo compartimos y somos generosos. Que el amor se multiplica cuando se da y somos agradecidos. Que las oportunidades pueden crearse. Que siempre hay algo que aprender, incluso en medio de una crisis.

No se trata de ser ingenuos, ni de negar el dolor o la injusticia. La abundancia no es ceguera, sino una forma de confiar en que hay más caminos de los que vemos a primera vista. Se trata de creer profundamente que lo esencial no es escaso. Que siendo creativos, muchas veces las imposibilidades se pueden transformar en posibilidades.

Las personas que operan desde la abundancia no solo ven las dos opciones del vaso medio lleno o medio vacío. Son capaces de pensar más allá: ¿Puedo cambiar el tamaño o la forma del vaso? ¿Puedo conseguir más agua? ¿Y si no necesito ni el agua ni el vaso?

Se podría resumir como *win-win* («ganar-ganar»); es decir, lo mejor es buscar estrategias en las que todos podamos salir beneficiados.

Dos personas pierden su empleo. La situación de ambas es la misma, pero el impacto que sienten a nivel emocional es radicalmente distinto.

La primera, que opera desde la escasez, piensa: «Ya no hay trabajo para mí, nadie me querrá contratar y el mercado está saturado». La otra, que ve el mundo como un lugar de abundancia, piensa: «Esta es una oportunidad para reinventarme. ¿Qué puedo aprender? ¿Qué otro trabajo me haría crecer más a partir de ahora?».

Estas mentalidades no solo afectan a las personas, sino también a las culturas y las organizaciones. Un país que asume la escasez de recursos promueve el miedo, el individualismo extremo y la competencia destructiva. En cambio, el que cultiva la abundancia invierte en desarrollo de tecnología para multiplicar el valor de sus recursos, así como en educación, cooperación y bienestar común.

En las empresas, la mentalidad de escasez lleva a los departamentos a esconder información, a que nadie se fíe de nadie, y a una cultura corporativa que termina quemando a los empleados, exprimiéndolos al máximo.

En cambio, una empresa que funciona desde la abundancia valora el talento de todos sus miembros, entiende que compartir toda la información posible entre sus empleados es la mejor forma de crecer, fomentando la colaboración y la creatividad.

Según Tony Robbins, ya sea a nivel individual o a nivel de grupo o sociedad, ser agradecido y generoso con los demás es la vía más directa a la mentalidad de la abundancia. En sus propias palabras: «Cuando eres agradecido, el miedo desaparece y la abundancia aparece».

Invertir es arriesgado *vs.* invertir es una forma de libertad

Durante generaciones, el consejo siempre fue ahorrar para posibles emergencias y guardar por si venían tiempos difíciles. El dinero se escondía bajo el colchón, en botes de cocina y en cuentas de ahorro sin apenas intereses. El mensaje era que el dinero es importante y se puede perder.

Ahorrar no es malo. De hecho, es el primer paso hacia la estabilidad. Sin embargo, si el dinero duerme, pierde valor con el tiempo. La inflación erosiona su valor. El billete con el que hoy puedes comprar una semana de alimentos, de aquí a unos años quizá solo te valga para la compra de un día.

Lo podemos visualizar como algo gradual. Ahorrar es mucho mejor que gastar sin control, pero ser inversor en vez de simplemente ahorrador te llevará más allá en el camino de la libertad:

Mentalidad inversora
El dinero trabaja para nosotros, dándonos libertad

Mentalidad ahorradora
Los ahorros nos dan seguridad y tranquilidad

Mentalidad gastadora
El dinero nos esclaviza

A partir de cierto nivel de ahorros, añadir más dinero a nuestra cuenta solo sirve para sentirnos más seguros. Es entonces cuando hay que empezar a invertir, asumiendo la responsabilidad sobre tu futuro económico.

Una forma útil de pensar para animarte a invertir consiste en preguntarte cómo puedes hacer que el dinero trabaje para ti. Normalmente es al revés, somos nosotros los que vendemos nuestro tiempo y nuestro esfuerzo para conseguir dinero.

No hay que invertir para forrarse, sino para sentir seguridad y tranquilidad sin tener que preocuparte por el futuro, para dejar de vivir de nómina a nómina, siendo un esclavo de tu salario mensual, para dejar de depender de una sola fuente de ingresos. Quien invierte con inteligencia, preparación y paciencia va construyendo su libertad.

Algunas de las formas más conocidas de invertir el dinero son:

- Invertir en tu educación.
- Invertir en una idea o proyecto.
- Invertir en bienes inmobiliarios.

- Invertir en acciones, fondos, bonos, criptomonedas...
- Invertir en un negocio familiar.

Dos de las opciones más populares son invertir en bolsa o en bienes inmobiliarios. Elige lo que creas que se adapta más a tu personalidad, no te sientas obligado por lo que sea más popular.

No se trata de lanzarse a lo loco. Para empezar, calcula la cantidad de dinero que puedas tolerar perder.

Muchos piensan que aprender a ganar es lo más complicado, pero cuando llevas un tiempo invirtiendo, te das cuenta de que lo más difícil es asumir pérdidas sin que te afecten psicológicamente. A largo plazo, lo más importante es aprender de nuestros fallos para que las equivocaciones sean menos graves y menos frecuentes.

Una de las técnicas más comunes para protegerse y minimizar posibles pérdidas es la de diversificar. Por ejemplo, si decidimos que vamos a invertir en bolsa 5.000 euros, en vez de comprar acciones de una sola empresa es más sabio comprar acciones de cinco empresas distintas, poniendo 1.000 euros en cada una.

Empieza con poco, diversifica y, por último, sé paciente. Los frutos de la inversión rara vez son instantáneos. Y si lo son, desconfía. La suerte del principiante puede nublar tu juicio.

Recuerda que el riesgo no está solo en invertir, también está en no hacer nada. No te preguntes: ¿Y si pierdo?, sino: ¿Qué pierdo si nunca lo intento? No es más libre quien más guarda, sino quien mejor aprende a usar lo que tiene: ¿Estoy acumulando dinero o estoy construyendo mi libertad?

La primera regla de una inversión
es no perder [dinero].
Y la segunda regla de una inversión
es no olvidar la primera regla.
Y esas son todas las reglas que hay.

WARREN BUFFETT

Alta agencia *vs.* baja agencia

Imagina que estás de viaje en un país remoto, te acusan de un crimen que no has cometido y te encierran en la cárcel. ¿A qué tres personas llamarías por teléfono para pedir que te sacaran de allí?

No vale responder MacGyver, John Wick y Jason Bourne. Pero sí que podemos pensar en aquellos que conocemos que más se parecen a estos tres personajes de ficción, y no porque lleven una pistola encima sino por su actitud a la hora de moverse por el mundo. Las tres personas a las que llamarías para sacarte de la cárcel tienen lo que en inglés se llama *high agency* («alta agencia»).

Una persona con alta agencia es aquella que, además de conocimiento y sabiduría, tiene capacidad para adaptarse a situaciones cambiantes o críticas buscando soluciones efectivas. También es capaz de apañárselas con poco para solucionar algo. Por ejemplo, puede sobrevivir en una isla desierta. O sabe liderar un negocio que dispone de pocos recursos y está a punto de quebrar. O, simplemente, es capaz de cocinar un plato delicioso con los cuatro ingredientes que quedan en la nevera o reparar un grifo que no funciona.

Si cualquiera le dice «esto o aquello es imposible», alguien con alta agencia no lo acepta sin más. Enseguida comienza a pensar en cómo podría ser posible.

Tener alta agencia es ver oportunidades en aquello que otros podrían considerar una desgracia.

Sōichirō Honda fundó una empresa llamada Tōkai Seiki que fabricaba anillos de pistón para Toyota. Le iba bien, pero durante la guerra su fábrica fue bombardeada por los B-29 de Estados Unidos, y no era fácil conseguir materiales para volver a ponerla en marcha.

El ingeniero se percató, entonces, de que los aviones estadounidenses tiraban los toneles de gasolina vacíos. Los fue recolectando y con ellos consiguió el acero que necesitaba para reconstruir la fábrica. ¡Volvió a ponerla en marcha gracias a lo que otros consideraban como basura! Sōichirō Honda los llamó «los pequeños regalos del presidente Truman».[11]

Pero la suerte no le acompañó porque, poco después, un terremoto destruyó otra de sus fábricas. Al terminar la guerra, no tuvo más remedio que vender todo lo que quedaba de su empresa Tōkai Seiki a Toyota.

Pero este no fue el final, sino el principio.

Con el dinero que recibió de Toyota fundó el Honda Technical Research Institute en 1946, que luego pasaría a ser Honda Motor. Dos años después, en 1948, presentó al mundo la primera

---

[11] Fuente: <https://www.legends.report/overcoming-failure-the-incredible-story-of-soichiro-honda/>.

moto Honda. En tan solo unas décadas, Honda Motor se convirtió en una de las empresas de automoción más grandes del mundo.

Al igual que Sōichirō Honda pudo poner en marcha una fábrica de componentes para Toyota usando la basura del ejército estadounidense, un fotógrafo con alta agencia es capaz de hacer buenas fotos con una cámara de usar y tirar. Un escritor con alta agencia puede escribir una novela con un lápiz en unas servilletas y un pianista virtuoso te sorprenderá con cualquier piano.

Si te pones excusas del tipo «es que no tengo un buen ordenador para lo que necesito hacer», estás actuando como una persona con baja agencia.

Ahora imagina que la situación es al revés: ¿crees que tus amigos o familiares te llamarían a ti primero si los arrestaran en un país remoto?

Baja agencia	Alta agencia
Se queja ante cualquier pequeño bache o limitación en el camino.	Ante cualquier impedimento, busca soluciones e incluso formas de usar los problemas como algo ventajoso.
Echa la culpa a los demás.	Asume su responsabilidad y busca soluciones.
Se desmorona ante una situación estresante.	Ante una situación estresante mantiene la calma, analiza sus opciones y elabora una lista de acciones a llevar a cabo para solucionarlo.
Si se queda solo a la intemperie en un bosque, no duraría mucho.	Puede construir una tienda de campaña con pocas herramientas y materiales que consiga en el bosque.
Se deja llevar por lo que piensen o digan los demás del grupo.	Toma decisiones de forma independiente.
Busca excusas o justificaciones para no empezar o avanzar.	Siempre está pensando en el siguiente paso, preguntándose: «¿Qué vamos a hacer a partir de ahora?».

15

Cómo ser un genio del marketing: la latina que rompió todas las barreras

Vilma Núñez es la gran referente del marketing digital en habla hispana. Emprendedora, escritora, conferenciante, consultora y creadora de reconocidas escuelas de formación online, su historia es altamente inspiradora.

Lectora entusiasta de nuestro primer libro, tuvimos el honor de mantener una charla con ella para el espacio *Ikigai Café*.

Nació en 1986 en República Dominicana y su familia se trasladó a vivir a Italia cuando ella tenía cinco años. Cumplidos los diez, regresaron a su país de origen y Vilma se encontró en un mundo totalmente distinto. Se sentía sola y le costaba adaptarse a sus compañeros, que habían tenido una infancia diferente a la suya.

Vilma mostró curiosidad por el mundo digital ya desde pequeña. Aparte de jugar a los Sims, enseguida aprendió a teclear código para programar webs como si fuera un juego más. De este modo, encontró en la tecnología su refugio.

Siempre había visto cómo su familia trabajaba para ganar dinero de una forma digna, así que para ella el trabajo no era algo negativo, sino un medio poderoso para conseguir aquello que quieres.

También poseía espíritu emprendedor. A los diez años daba clases de italiano a sus compañeros de colegio y a los doce tenía su propia página web. En la universidad, vendía joyas para costearse los viajes a Miami, donde compraba y vendía otros productos. Si alguien quería montar un evento, ella enseguida se sumaba y se convertía, sin saberlo, en *project manager* del proyecto.

Si existe una necesidad y tú tienes el conocimiento para cubrirla, tu obligación es ponerte al servicio de los demás. Esta es la base del buen emprendimiento.

Cuando terminó sus estudios universitarios, Vilma se trasladó a Madrid con la ilusión de ampliar sus conocimientos. Empezó a formarse en publicidad y relaciones públicas mientras hacía prácticas en una empresa. También hizo un doctorado sobre cómo influye la publicidad en el turismo.

Vilma nos aporta una mirada sobre la inmigración como oportunidad: creer que en la tierra a la que vas hay un terreno más fértil para crecer y donde, además, tú puedes aportar cosas nuevas que beneficien a tu país de acogida.

Eso no significa que el reto al que se enfrentaba fuera sencillo. El hecho de ser mujer, joven e inmigrante le ponía más difícil tener éxito. Se veía obligada a demostrar mucho más. Pero, lejos de frenarla, esa dificultad fue un desafío y pasó a convertirse en una inspiración para millones de mujeres de todo el mundo que han querido emprender y han seguido sus pasos.

Concluida su formación, mientras trabajaba para una empresa digital, abrió su primer blog y empezó a construir su marca personal. Allí compartía sus conocimientos sobre las redes sociales mucho antes de que fueran tendencia. Aquel mundo nuevo del que todo el mundo hablaba, pero que casi nadie dominaba, la impulsó a compartir plantillas y guías de forma gratuita. Estaba entregando a su seguidores, que cada vez eran más, todo lo que ella no había encontrado cuando comenzó a trabajar.

Según nuestro diagrama de *ikigai*, se estaba ocupando activamente del círculo «Lo que el mundo necesita». Esa generosidad sería la base del enorme éxito que le llegó después.

Guardarte tus conocimientos no lleva a ninguna parte. Si tienes algo de lo que los demás carecen, debes compartirlo. Esto generará comunidad a tu alrededor, además de darte confianza en lo que haces.

En paralelo a su trabajo como empleada, mientras iba desarrollando su blog, Vilma empezaba a obtener ingresos extra como formadora de cursos online. Sus propios jefes, al ver su talento para la tecnología y la comunicación, le propusieron que subiera a una tarima para dar charlas. Así fue como Vilma se convirtió en conferenciante y embajadora de la empresa donde trabajaba.

Ya en sus primeras conferencias tuvo que enfrentarse a un público de más de trescientas personas. Ella aún desconocía cómo motivar al público, así que trabajó mucho para hacerlo bien. Y mejoró sus presentaciones con diapositivas completas para compartir sus conocimientos.

Estudiaba, ensayaba y se preparaba para lograr la mejor conferencia posible. Todavía hoy mantiene este mantra: «Prepararse, estudiar, ensayar y compartir».

Estar delante de trescientas personas le enseñó a lidiar con el ego. «En el mundo de las conferencias has de aprender a convivir con gente con mucho ego, y para sobrevivir en ese entorno debes entender que tú tienes tu propio brillo», nos explicó.

En aquel momento, Vilma mantenía dos trabajos, pero ya se ganaba mejor la vida con su blog. Daba cursos bajo demanda para sus clientes y fue de las primeras mujeres en España en vender productos digitales.

Dio un salto adelante cuando los Premios Bitácora en España la distinguieron con el Blog del Público, al ser el más votado entre 22.000 usuarios. Fue entonces cuando Vilma se dio cuenta de que no solo tenía un blog, sino un canal de comunicación: una plataforma con una gran comunidad.

Este premio la ayudó a tomar una decisión crucial: dedicarse solo a emprender. Le costó mucho renunciar a su trabajo porque tenía un vínculo emocional con su empresa. Sus jefes eran como una familia para ella —la habían ayudado a tramitar los papeles de residencia cuando llegó a España—, pero Vilma supo salir por la puerta grande y hoy en día hacen negocios juntos.

La decisión la tomó en un vuelo de regreso de México, donde un grupo de altos ejecutivos habían escuchado absortos su conferencia sobre la automatización del marketing. Aprovechó el viaje de vuelta para escribir la carta de renuncia y se pasó el resto del trayecto llorando. La gente que estaba a su lado se preocupaba, pero ella les decía: «Son lágrimas de liberación, de felicidad».

Tan importante como elegir el momento de cambiar de etapa es saber salir con elegancia. Una buena despedida no solo te evita fricciones y resentimientos, también deja buenos vínculos para futuras alianzas.

Su blog fue la semilla de su negocio y luego escribió un libro, *De invisible a invencible*. Mientras lo presentaba por varios países, se dio cuenta del entusiasmo de la gente que la seguía. Le señalaban la utilidad de sus plantillas y le agradecían que vendiera sus conocimientos a un precio asequible, a diferencia de lo que hacían otros formadores del ámbito digital. Miles de personas se acercaban para decirle, emocionadas, que gracias a ella ahora tenían su propia empresa.

Actualmente, con un equipo de ciento veinte personas, Vilma sigue evitando poner precios abusivos a sus productos y sus formaciones. Para ella es importante poder servir a todo el mundo, una filosofía empresarial que estaba también en el ADN del fundador de Ikea.

Si eres generoso y ofreces lo mejor que puedes dar, los clientes van a llegar porque conectarán con lo que vendes, pero también con lo que tú eres. Este es el lema de Vilma Núñez: que nadie se quede fuera, que todo el mundo pueda acceder de una manera u otra al conocimiento.

Tal y como enseña en sus formaciones, en todo proyecto maduro llega un momento en el que se necesita contratar a más gente. En el caso de Vilma, empezó empleando a su hermana pequeña, que hoy es directora y vicepresidenta de operaciones de todo el grupo.

Para crecer y escalar su negocio, Vilma tuvo que superar la idea que tienen muchos emprendedores de que hay que trabajar más horas que nadie. Nos explicó que, «por culpa del ego, llegas a creerte que eres imprescindible, pero por ese camino no llegas a ninguna parte. Solo si te apoyas en el talento de tu equipo y en la tecnología podrás multiplicar tu impacto».

Hasta que no empieces a delegar y a repartir tareas, confiando en las personas a las que habrás formado, tu negocio no despegará. Aunque al ego le cueste asumirlo, debes hacerte prescindible en casi todo.

Cada jornada en la vida de Vilma Núñez empieza a las nueve de la mañana, ya que para ella el descanso es importante. Prioriza la mentalidad antes que la habilidad, así que diariamente lee, estudia, escucha audiolibros de desarrollo personal, pódcasts o entrevistas para nutrir su mente con contenidos positivos. Se hace su propia burbuja protectora para no dejarse contaminar por nada negativo.

Además de ocuparse de las tareas que le corresponden y de delegar en su equipo, en el corazón de cada jornada hay lo que Vilma denomina *Prime Time*, que es realizar la tarea fundamental del día. Para ello se pregunta: «Si solo pudiera hacer una cosa hoy,

¿cuál sería la más importante?». Y se centra en resolverla. En su posición de liderazgo, muchas veces lo que debe hacer es sentarse y tomar una decisión.

El éxito en tu propósito profesional depende de saber priorizar. Saber cuál es la cosa fundamental que has de hacer hoy será tu brújula en el camino.

El deseo de Vilma sería responder a todos los mensajes que recibe, pero es imposible. Por eso cada día contesta aleatoriamente a entre tres y cinco personas, como hacía Steve Jobs. Lo hace personalmente por mensaje, les manda audios, les da las gracias por haberla elegido y les aconseja. En paralelo, su equipo sigue el protocolo para que cada día se respondan los miles de mensajes que reciben, «porque cada persona que te regala su tiempo mandándote un mensaje merece que lo leamos y le respondamos», sostiene.

Vilma ha conseguido alcanzar sus metas antes de cumplir los cuarenta, pero cree en el aprendizaje constante y en reinventarse a diario para seguir motivada. Su próximo paso será abrir su Fundación con el objetivo de que todo el que lo desee pueda ser un líder. Su propósito último es seguir impulsando la educación para que cualquier persona, aunque tenga pocos recursos, pueda acceder a información de alto nivel y convertirse en alguien que aporte al bienestar colectivo.

Un consejo que da a cualquiera que esté emprendiendo un negocio o idea es sustituir el socorrido «producto mínimo viable» (crear una solución, un servicio o un producto) por lo que ella denomina «producto mínimo asombroso».

Si crees profundamente en lo que ofreces, puedes entregarlo gratis al principio. Con ello, no solo darás a conocer el producto, sino que aumentará tu confianza y tu autoestima. El problema de muchos emprendedores que empiezan es que poseen muchas metas pero no tienen fe en ellas.

«Por ejemplo, si tu propósito en la vida es ser escritor, no escribas un libro que tú no regalarías en Navidad. Haz realidad ese libro que comprarías ilusionado en una librería para regalárselo a alguien que amas», explica Vilma.

En lugar del «producto mínimo viable», que nace de un pensamiento de carencia, el «producto mínimo asombroso» es aquello extraordinario que tienes para ofrecer al mundo.

Algunos de los pilares de Vilma Núñez para llevar adelante tu sueño, lo cual constituye el propósito de su actividad, son estos:

- Ten fe en tu proyecto, en lo que haces, en el valor de lo que ofreces.
- Regala tu talento al principio, necesitas que el mundo conozca lo que tienes.
- Confía en ti y no te compares con el capítulo cien de la vida de otra persona.

En el momento en que te abres a la vida y muestras tu talento, estás plantando una semilla. Ya no hay marcha atrás, pero has de tener paciencia estratégica, porque el día que plantas la semilla no es el día que se come el fruto.

Una persona creativa debe cultivar oportunidades en el contexto de su tiempo. Y está claro que vivimos en la época de la IA, que puede verse como una amenaza o como un disparador para el crecimiento. Una herramienta capaz de realizar todas las tareas mecánicas nos obliga a ser más creativos y a trabajar el concepto de «líderes irreemplazables», sostiene Vilma. De hecho, la IA está aquí para que implementemos una mentalidad de desapego.

Ella misma aprendió, desde sus inicios, a desprenderse de profesiones y tareas, a formarse cada vez más y mejor, a caminar un paso por delante de la realidad, a crear el futuro.

Ante un momento de gran cambio, como la actual revolución de la IA, tienes dos opciones: o vas a remolque de lo que está sucediendo o tomas un papel protagonista en el proceso. Todo depende de tu mentalidad.

«Una mirada rígida y limitante no te llevará a ningún sitio», afirma Vilma. Tenemos que creer en la capacidad humana de evolucionar con las herramientas de las que disponemos ahora. Del mismo modo que los ordenadores y la informática nos han permitido crear miles de cosas que antes no existían, el contexto actual es una oportunidad de oro para inventar nuevos trabajos, productos y servicios que, solo una década atrás, nadie habría sido capaz de imaginar.

«Si crees que la IA compromete tu futuro, entonces el problema no es la IA, eres tú», afirma. Estamos culminando una revolución tecnológica y hemos de aprender a utilizar los avances como nuestros aliados, para potenciar nuestras habilidades y aprovechar estas herramientas para crecer, no para reemplazarnos.

La IA es solo una muestra del enorme poder de la mente humana. Por supuesto, todo depende de cómo la usemos. En lugar de hacerlo pasivamente, delegando en la máquina la generación de ideas y la toma de decisiones, podemos utilizarla para potenciar nuestra propia creatividad y convertirnos en versiones más completas de nosotros mismos. Y concluye Vilma Núñez: «En lugar de preguntárselo todo a la IA, dale la vuelta y pídele que te haga preguntas para ser tú quien encuentres tus respuestas, como haría un *coach*. A fin de cuentas, de la calidad de las preguntas que nos hacemos depende nuestra evolución».

¿Quieres ser sujeto pasivo del cambio o protagonista de él?

16
La premisa

Pase lo que pase, no te detengas.

PHIL KNIGHT

El mensaje inicial que una marca quiere comunicar (en inglés, *opening premise*) es la creencia fundamental por la que deseamos ser recordados.

Ejemplos famosos de premisas son:

- Coca-Cola: *Enjoy* («Disfruta»).
- Nike: *Just do it* («Simplemente hazlo»).
- Apple: *Think different* («Piensa diferente»).

El lenguaje es sencillo y directo. Nos incitan a llevar a cabo una acción. Además, de forma implícita, estos mensajes también están jugando con la identidad de los consumidores. Si bebes Coca-Cola eres una persona a la que le gusta disfrutar de la vida. Si usas zapatillas Nike eres una persona de acción. Y si eres usuario de productos de Apple piensas diferente a los demás.

Imagina que abrimos una panadería llamada KikiPanya en

un pueblo de diez mil habitantes. Pero resulta que hay otras panaderías que llevan décadas funcionando y tienen una clientela fiel. Ya hemos decidido que el *ikigai*, el propósito de nuestro negocio, es ayudar a los habitantes de nuestro pueblo a tener una vida más saludable y feliz, de modo que solo hornearemos pan con ingredientes naturales, sin ningún aditivo artificial.

¿Cuál es la diferencia entre el *ikigai* y la premisa? El *ikigai* define el propósito, la razón por la que nuestro negocio existe y ayuda tanto a nuestros clientes como a nosotros mismos. Puede ser largo y contener información específica. En cambio, la premisa tiene que ser un mensaje directo que apele a las emociones y a la identidad de nuestros clientes en potencia. ¿Cómo queremos ser recordados?

En el caso de KikiPanya, queremos que se extienda el rumor de que somos la panadería más saludable del pueblo. ¿Cuál es la *opening premise* que nos ayudará a atraer clientes? ¿Qué escribiríamos debajo del nombre de la panadería en la entrada?

Estas son algunas ideas:

- «KikiPanya: Pan natural para personas naturales».
- «KikiPanya: ¡Entra! Tu vida está a punto de cambiar para siempre».
- «KikiPanya: Tu salud es nuestro pan de cada día».
- «KikiPanya: Pan sin aditivos artificiales para personas saludables».

Estos mensajes atraerán a clientes para los que la salud es una prioridad. Una vez se han decidido el *ikigai* y la premisa, es más fácil pensar en los detalles: los tipos de pan que vamos a vender, la decoración del local, los precios, etc. Cuando estemos trabajando en nuestros productos es importante tener siempre en mente los principios que hemos definido tanto en el *ikigai* como en la premisa.

El concepto de la premisa se puede aplicar también a disciplinas artísticas como la música, las películas, los libros o los videojuegos.

Para libros de no ficción, el subtítulo suele ser la premisa. Por ejemplo, en nuestro primer libro: *Los secretos de Japón para una vida larga y feliz*. Crea intriga y curiosidad, porque todos queremos tener una vida larga y feliz.

En las novelas, la premisa suele estar en la contraportada. Por ejemplo, en *El hombre en el castillo* de Philip K. Dick la premisa es: «¿Qué habría pasado si Alemania y Japón hubieran ganado la Segunda Guerra Mundial?». Cualquier mente curiosa se siente atraída por la respuesta a esta pregunta, aunque sea un escenario distópico.

En la novela *Central Park*, del escritor francés Guillaume Musso, la premisa es: «Un chico y una chica se despiertan unidos por unas esposas en Central Park, no se conocen de nada y no se acuerdan de cómo llegaron allí».

En la serie de novelas *El problema de los tres cuerpos*, del escritor chino Liu Cixin, la premisa es: «¿Qué pasaría si una civilización alienígena que está a punto de extinguirse elige conquistar el planeta Tierra para asegurarse de que su especie sobreviva?».

También puede ser algo tan simple como: «Santiago, un viejo pescador, sale con su barca y un pez espada gigantesco pica el anzuelo». Esta es la premisa de *El viejo y el mar* de Ernest Hemingway.

¿Cuáles son las premisas de tu videojuego o película favorita?

Claves para escribir la premisa de tu negocio:

- Quien lo lea debe desear unirse al tipo de personas que usan o consumen nuestro producto, porque algo en su vida mejorará o les hará sentir mejor.
- Debe crear curiosidad o poner una pregunta en la mente de nuestro cliente en potencia.
- ¿Cuál es la creencia fundamental por la que queremos que nuestro negocio o producto sea recordado?
- Debe incitar a la acción. En el mundo real, si tenemos una cafetería, el objetivo es que los clientes entren a tomar algo. En el lenguaje del marketing online se usa la expresión «llamada a la acción» (*call to action*). En internet, las acciones que queremos invocar son muy diversas: que alguien haga clic para acceder a nuestra web, que alguien escuche nuestro pódcast o que un cliente introduzca su tarjeta de crédito para comprar nuestro producto.

«Identificarse con…», un arma de doble filo

Nuestra capacidad para identificarnos con algo, ya sea un producto, un grupo de personas, una marca, una región o país, un equipo deportivo, un grupo activista, una religión, un grupo de música, un método para hacer ejercicio, una dieta… se puede utilizar tanto para bien como para mal.

Es importante ser conscientes de que todos, sin excepción, somos influenciables por métodos que apelan a nuestra identidad. Es clave aprender a reaccionar a tiempo si notamos que estamos siendo manipulados hacia un camino que no nos conviene.

17

Cómo cocinar tu *ikigai*: de un colmado al estrellato

> Tú mismo te premias cuando un plato ha salido como tú querías y un cliente se da cuenta de todo el detalle, cuidado y amor que le has puesto.
>
> Carme Ruscalleda

La protagonista de esta aventura, la cocinera más premiada del mundo, jamás estudió cocina. Su carrera ha sido autodidacta, todo lo que ha conseguido ha sido motivado por la pasión, la curiosidad y la constancia.

Carme Ruscalleda tenía setenta y tres años cuando accedió amablemente a contarnos su vida desde su retiro en Sant Pol, un pequeño pueblo costero a 50 kilómetros de Barcelona, donde nació en 1952.

Aún en la posguerra, esta hija de agricultores estudió en la escuela religiosa de su población, donde pasó la mayor parte del tiempo rezando y haciendo ganchillo.

En aquella época, a las niñas no se les preguntaba qué querían ser de mayores, sino que se las formaba para llevar un hogar y estar al lado de su marido, pero Carme Ruscalleda, con apenas doce años, ya tenía claro que quería hacer una carrera artística.

No se había decantado por ninguna disciplina, pero no se conformaba con una vida normal. En aquel momento eso era visto como un mundo de bohemios, lleno de peligros y de perdición. Cuando expresó su deseo a su familia, se escandalizaron y lo consultaron con las monjas.

Romper con lo establecido, salir del rebaño, es un paso necesario para construir un ikigai *único.*

Como solución para «no perder a esta niña y que se desvíe del camino», las monjas propusieron a la familia que modernizaran el colmado, para que así Carme se quedara trabajando feliz en el negocio familiar.

En su casa vivían de la leche de las vacas, del vino de las viñas y de los productos del huerto. A principios de los años setenta, modernizar el colmado familiar significaba convertirlo en un supermercado, un concepto nuevo en la España de entonces. Eso suponía quitar el mostrador y que la gente pudiera coger los productos.

Estaba previsto que Carme estudiara hasta los catorce años y luego se pusiera a trabajar en el colmado, pero al final amplió sus estudios dos años más haciendo Comercio Mercantil en la misma escuela de monjas. Era algo que no le gustaba en absoluto, pero había llegado una nueva directora con una mente abierta, que permitió que las niñas jugaran a baloncesto y creó incluso una compañía teatral, lo cual le dio a Carme la oportunidad de desarrollar en el escenario su vena artística.

Tras formarse como carnicera y aprender técnicas de despiece, a los dieciséis años entró de lleno en la vida laboral, teniendo a su cargo a un personal mucho mayor que ella. Por aquel entonces no tenía intención de dedicarse a la cocina, se conformaba con continuar el negocio familiar y darle vida para que tirara adelante. Carme demostró ya allí su carácter emprendedor.

Se casó con Toni Balam, su novio de toda la vida, que vivía a veinte metros de su casa. Los dos tenían una afición en común: la gastronomía.

Toni era consciente de que Carme tenía una espina clavada en el corazón por no haber podido desarrollar una carrera artística. Mientras hacía el servicio militar en Barcelona, como disponía de las tardes libres, empezó a subir a Sant Pol para suplir a Carme en el colmado, de modo que ella pudiera hacer el preparatorio para la Escuela Massana, un centro de formación en artes de gran prestigio.

Esta oportunidad hizo que sacara su creatividad y, de hecho, superó el preparatorio con la nota más alta. Carme se convenció de que podría dedicarse al arte, en una forma aún por definir, pero tenía claro que tocaba trabajar.

Para desarrollar tu propósito vital es importante rodearte de personas que te comprendan y estén dispuestas a apoyarte, en especial tu pareja.

Durante su noviazgo, ahorraban el dinero que la gente de su edad se gastaba saliendo a las discotecas para ir a restaurantes de categoría, como el Reno de Barcelona.

Cuando los camareros veían entrar a aquellos dos jóvenes en un lugar tan sofisticado y caro, pensaban que se habían equivocado. No obstante, para ellos era una pasión. Ahorraban para visitar los mejores templos culinarios, porque empezaban a tener claro su proyecto: encontrar una cocina diferente a la que estaban habituados.

Ella era de familia de agricultores y él de marineros; estaban acostumbrados a una cocina en diálogo con la tierra y el mar. En cambio, la cocina de aquellos restaurantes era mucho más elaborada, más afrancesada. En aquellas experiencias culinarias iban aprendiendo de forma autodidacta. Les seducía la gastronomía, pero todavía no se les había pasado por la cabeza montar un restaurante.

Cuando Toni se incorporó al negocio familiar, para ampliar y diferenciarse de otros establecimientos se les ocurrió ofrecer productos que ayudasen en el día a día, como legumbres cocinadas, pasta fresca, croquetas y canelones.

Su tienda iba adquiriendo fama en el pueblo y cada vez tenían más clientes. A inicios de la década de 1980, se atrevieron con especialidades creativas: hacían butifarra blanca y negra, butifarra con pato o con queso. También tenían una sección con más de cincuenta quesos diferentes.

La creatividad, hacer las cosas de manera «diferente», puede practicarse en cualquier entorno, por modesto que sea.

Carme Ruscalleda volcaba la creatividad que llevaba dentro en inventar nuevos platos, pero sin perder el carácter de la cocina tradicional. Junto a su marido, asesoraban a sus clientes sobre cómo preparar los platos, calentar la salsa o bien añadir cebolla picada. Buscaban la perfección en aquello que hacían.

A mediados de los ochenta, empezaron a acariciar la idea de montar un bistró en horario de tienda, que consistiría en una larga mesa de degustación. Sin dejar de ser un colmado, querían ofrecer una cocina más elegante y creativa con los mismos ingredientes que vendían en la tienda.

El proyecto era costoso debido a las medidas legales que les exigían para ampliar el obrador y hacer una cocina, pero tenían treinta y cinco años y toda la ilusión del mundo.

En el altillo del establecimiento, diseñaron un espacio acristalado que invitaba a los clientes a degustar sus platos. Necesitaban pedir un crédito, pero el azar quiso que, quince días después de obtener los permisos para empezar la obra, el hostal Sant Pau, situado delante del supermercado, se pusiera a la venta. Costaba lo mismo que la obra que tenían que hacer, así que sus padres les aconsejaron lanzarse. Si su proyecto fracasaba, era mejor que la casa fuera de su propiedad en lugar de invertir en unas obras en el local familiar.

En el desarrollo de cualquier proyecto habrá un momento en el que tendrás que arriesgar, tal vez incluso convivir con la posibilidad de perderlo todo.

El 1 de julio de 1988, el restaurante Sant Pau abrió con las reservas al completo.

Toni convenció a Carme de que ella tenía que ser la cara visible del negocio. El alma del restaurante es la cocina y era ella quien estaba allí. Como había estado desde pequeña detrás del mostrador atendiendo a los clientes, no le costó salir de la cocina para explicar sus platos mesa por mesa.

En aquel momento, el mundo de la cocina era mayoritariamente masculino. Además, los instrumentos que se utilizaban en una cocina profesional estaban pensados para la fuerza de un hombre. La cocina del Sant Pau funcionaba con leña y carbón, y se necesitaba una maquinaria pesada y difícil de afrontar a nivel físico para una mujer.

Abrieron el restaurante con la carta del bistró del colmado, pero cuando vieron que desde las ventanas del restaurante se veía el mar, pensaron que sus clientes no entenderían que no hubiera pescado en la carta, así que incluyeron gambas a la plancha, merluza al vapor y lubina al horno. Una cocina de toda la vida con ingredientes de calidad, pero con un estilo más cuidado. Sin darse cuenta, aplicaron todo lo que habían degustado en sus visitas a buenos restaurantes cuando apenas tenían veinte años, algo que seguían haciendo por toda la península.

En el 2000 tuvieron que ampliar la cocina porque se les quedó pequeña, y decidieron abrirla al jardín con unos enormes ventanales. Esto fue un gran paso porque el jardín entró en su cocina, y también los productos que crecían allí. Era una obra importante que ascendía a 100 millones de pesetas, así que volvieron a pedir un préstamo.

Pero retrocedamos ahora una década.

Su amor por la cocina y la perfección lo envolvía todo. Solo elegían los mejores ingredientes, las flores frescas, los proveedores pagados, el equipo bien cuidado. Todo ello se transmitía a los clientes que entraban en el Sant Pau, y empezó a llegarles el reconocimiento. El 1991 recibieron la primera estrella Michelin, mientras Carme seguía ocupándose con cariño y creatividad de sus fogones. En sus propias palabras: «Tú mismo te premias cuando un plato ha salido como tú querías y un cliente se da cuenta de todo el detalle, cuidado y amor que le has puesto».

Con la primera estrella empezaron a acudir clientes de Barcelona y lugares más alejados. En 1996 llegó la segunda estrella Michelin y en 2006 la tercera, convirtiendo a Carme en la mujer con más estrellas Michelin del mundo, puesto que después abrió otros restaurantes.

Sin embargo, los premios y las distinciones no supusieron una gran presión para Carme. La presión se la había puesto ella misma el día en que cruzó la calle para dejar el supermercado y montar su restaurante.

Los premios y las distinciones nunca son una motivación para quien vive su ikigai. *Lo importante es competir con uno mismo, intentar siempre ser mejor que tu yo de ayer.*

En el congreso Gastronómica de San Sebastián, Carme sorprendió a todos haciendo un plato de cada color con ingredientes naturales y sin ningún pigmento artificial, titulado «Paleta de colores naturales y gastronómicos», para demostrar que todo está en la naturaleza.

Pero la aventura no terminaría aquí.

Carme abrió su restaurante en Tokio gracias a la perseverancia de un japonés que un día fue a comer a su restaurante y pensó que aquella cocina gustaría en su país. Le propuso montar un restaurante igual que el Sant Pau en Tokio y Carme dijo que no, pero él insistió hasta que logró su objetivo. Para convencerla, la invitó con su marido a la capital nipona y entonces Carme lo vio claro: tanto por la calidad del producto como por la entrega al trabajo de los japoneses, supo que podría abrir un Sant Pau allí.

Lo inauguró en 2004 y estuvo veinte años trabajando en Japón.

El restaurante original cerró por decisión de Carme Ruscalleda en 2018. Cinco años más tarde, lo haría el de Tokio. Después de tantos años trabajando, sintió que había llegado el momento de retirarse.

Tan importante como saber cuándo iniciar una aventura es saber cuándo darla por finalizada, el momento en que consideras que lo has dado todo y que te corresponde pasar a otra etapa.

Esta cocinera llegó a tener siete estrellas Michelin entre todos sus restaurantes: tres en Sant Pol de Mar, dos en Tokio y dos con el restaurante Moments en Barcelona, dirigido por su hijo Raül Balam.

Quien es autodidacta lo es siempre. No para de investigar, de estudiar, de probar, de preguntar, porque está en constante formación, y así continúa Carme Ruscalleda. Es, sin duda, una mujer con *ikigai* y su motor es la ilusión de seguir aprendiendo.

18

¿Cómo puedo vivir de mi *ikigai*?

> Ama lo que haces, y haz lo que amas.
> No escuches a nadie que te diga que no puedes hacerlo.
> Haz lo que quieres, lo que te apasiona.
> La imaginación debería ser el centro de tu vida.
>
> Ray Bradbury

Cuando sabes tu propósito, el siguiente desafío es cómo hacer de ello el centro de tu vida, tu profesión y tu sustento, si es eso lo que deseas. Puedes haber definido tu *ikigai*, ya sabes cuál es tu misión, y no te decides a arrancar porque:

- Crees que es imposible.
- Tal vez sea posible, pero no sabes cómo hacerlo.
- Lo ves posible y sabes más o menos cómo hacerlo, pero aún no se dan las condiciones para ello.

Antes de seguir avanzando, vamos a reflexionar sobre cada una de esas excusas. Sí, porque bajo estas aparentes razones se esconden miedos, prejuicios y malentendidos que nos sirven para procrastinar un proyecto o mandarlo incluso al País de Nunca Jamás.

¿Imposible o solo improbable?

Como escribe nuestro amigo Álex Rovira en su libro *Tu Mentalidad Buena Suerte*, muchos sueños mueren antes de hora porque se confunde lo «imposible» con lo que solo es «improbable». Y hay una enorme diferencia entre ambos.

Si tienes sesenta años y sueñas con jugar en el Manchester United sabes a ciencia cierta que es imposible, porque, incluso si te hallaras en excelente forma, no hay ningún futbolista profesional de esa edad en las grandes ligas. Por lo tanto, es solo una fantasía de las que se cuelan a veces en nuestros episodios nocturnos.

Los imposibles, sin embargo, son pocos en comparación con los improbables que frenan a la mayoría. Vayamos con otro ejemplo sencillo del que los autores de este libro podemos hablar con autoridad.

Imagina que has terminado de redactar tu primer manuscrito, al igual que decenas de miles de aspirantes a escritores. No tienes editor, ni agente literario, ni padrinos. Mandas varios correos electrónicos y no obtienes respuesta, salvo de las empresas que quieren cobrarte por tu sueño. En inglés se llaman *vanity publishers* —las editoriales que cobran por publicar—, y puedes acabar pagando el gusto y las ganas sin que tu obra sea distribuida en las librerías junto a los autores que admiras.

Por supuesto, hay también sellos honestos que ofrecen buenos servicios de autopublicación, pero el ejemplo no va de esto.

Pongamos que, con ese primer manuscrito terminado, tu sueño es ser publicado en una gran editorial, llegar a todas las librerías, ser reeditado, traducido a otros idiomas, convertirte en autor profesional gracias a ese primer libro de éxito.

Si dices «imposible» no estás siendo preciso. Es solo «improbable». Pero ¿cuántas cosas improbables suceden cada día? Muchísimas más de las que podamos imaginar. Infinidad, de hecho.

Siguiendo con el «sueño» literario, Héctor publicó su primer libro, *Un Geek en Japón*, en una editorial española que esperaba vender un par de miles de libros, con suerte. Sin embargo, esta antología de la cultura japonesa se convirtió en un clásico y fue traducida a diez idiomas, incluyendo el inglés.

Por su parte, tras varios años recibiendo cartas de rechazo de las editoriales, cuando Francesc por fin logró publicar su novela *Amor en minúscula* no obtuvo el éxito esperado. El libro no se reeditó y todo parecía indicar que caería rápidamente en el olvido, como la inmensa mayoría de las publicaciones.

Fracasado el intento de llegar al gran público, era improbable que sucediera nada más. Pero no imposible.

Al año siguiente, en la Feria de Frankfurt, la editora de un importante sello alemán apareció por el centro de agentes con ese libro fracasado en la mano. Daba la casualidad de que leía español y se lo había regalado una amiga con la que compartía su pasión por los gatos (hay uno bastante protagonista en esa historia). Contrató la traducción, para asombro de Francesc, y cuando la novela se publicó en alemán, se mantuvo dos años entre los libros más vendidos, lo cual arrastró 27 traducciones más, incluyendo el inglés en Penguin USA.

La diferencia entre «imposible» e «improbable» es importante.

Es imposible ser futbolista de élite con sesenta años o que te contrate la NASA como astronauta si tienes problemas graves de salud. Muchas otras cosas son solo improbables. Algunos ejemplos conocidos:

- Cuando un joven Richard Branson decidió gastar su escaso dinero en la grabación del *Tubular Bells* de Mike Oldfield, sus amigos le dijeron que estaba pirado. ¿Cómo iba a funcionar un disco instrumental, lleno de soniquetes repetitivos, con solo dos «temas» de 25 y 23 minutos, respectivamente? Tendría suerte si vendía cincuenta discos. Nada así había tenido nunca éxito, pero lo cierto es que estuvo en lo alto de las listas de Reino Unido durante 279 semanas seguidas, llegando a vender 15 millones de copias. Era improbable, pero no imposible.
- Cuando Steve Jobs fundó Apple en un garaje junto a su amigo Steve Wozniak, las probabilidades de éxito eran cercanas a cero. Había muchos otros chiflados intentando lo mismo, mientras las grandes compañías tenían presupuestos enormes para perseguir esos objetivos. En 2018, Apple se convertía en la primera empresa del mundo en lograr una capitalización de dos billones de dólares. Era improbable, pero no imposible.
- Cuando Anita Roddick abrió su primera tienda de The Body Shop en un pequeño local de Brighton entre dos funerarias, las perspectivas eran aciagas. Sin embargo,

> el público empatizó enseguida con su filosofía de productos naturales sin experimentación con animales y, seis meses después, abría su segunda tienda. Tres décadas más tarde, tenía 2.100 tiendas en 55 países. Era improbable, pero no imposible.

Estos tres casos que arrancan en la década de los setenta son una muestra del poder de lo improbable. De hecho, los proyectos de éxito contra todo pronóstico son innumerables. Entre otras cosas, porque vivimos en medio de la incertidumbre absoluta, y en un mundo que parece haberse vuelto loco triunfan muchas locuras, algunas de ellas maravillosas.

Tu proyecto o tu idea podría ser una de ellas.

Si no lo pruebas, nunca lo sabrás

La segunda excusa que puede frenarnos es pensar que no sabemos cómo hacerlo, lo cual es normal al iniciar cualquier proyecto. La realidad, sin embargo, es que hay muchas cosas que solo averiguaremos cómo se hacen al llevarlas a cabo. Solo así sabremos si funcionan.

Un ejemplo claro es el amor. Si estás soltero y te gusta alguien de tu entorno, aunque el interés sea mutuo, únicamente sabrás si podéis ser una pareja con futuro cuando empecéis a salir. No hay otra forma de saber si el proyecto romántico funcionará.

Para ver cómo va la cosa, será necesario tomar ese primer café y unas cuantas citas más. Puede que la relación prospere rápidamente o que, al cabo de poco, surja alguna incompatibilidad que te/os lleve a dejarlo correr. Son cosas que se aprenden sobre la marcha. Como decía el poeta Antonio Machado:

Caminante, no hay camino,
se hace camino al andar.
Al andar se hace camino,
y al volver la vista atrás
se ve la senda que nunca
se ha de volver a pisar…

Lo mismo sucede con cualquier proyecto vital que tengas.

Si es algo que haces por primera vez, te ocurrirá como en el primer encuentro romántico de tu vida. Antes de dar el primer beso, puedes preguntarte: «¿Cómo se encajan las narices?», entre muchas otras cosas. Es la práctica la que te da el conocimiento: sin besar a nadie, nunca aprenderás a besar.

Por lo tanto, si crees en tu idea, no dejes que te paralicen los interrogantes del tipo: «¿Y esto cómo se hace?», «¿Qué sucederá si…?», «¿Y si…?». Cuando te pongas en marcha, ya resolverás cada desafío a su tiempo.

A fin de cuentas, la ciencia funciona por ensayo y error.

Edison desconocía qué clase de material podía mantenerse incandescente dentro de un contenedor de cristal. *No sabía cómo hacerlo*. Otros inventores habían logrado luz eléctrica con un arco de carbono calentado por una batería, pero ese precursor de la bombilla parpadeaba, silbaba y se quemaba rápidamente.

Nadie sabía cómo podía lograrse una luz más duradera, y Edison tampoco, por eso empezó a experimentar con más de mil materiales distintos para el filamento. Tras años de encadenar un fracaso tras otro, en 1879 el inventor de Ohio presentaba por fin una bombilla capaz de permanecer encendida más de catorce horas.

Había nacido la bombilla.

Hacerlo en medio de la tormenta

Incluso si lo ves posible y sabes más o menos cómo hacerlo, la tercera excusa que puede paralizarte es pensar que aún no se dan las condiciones ideales para ello. De hecho, fijar muchos requisitos para iniciar un proyecto es una forma sutil de procrastinar.

Entre los más típicos sería pensar que necesitas...

- Mucho más dinero para empezar.
- Padrinos o mentores que te ayuden en el camino.
- Mejor preparación para asegurar el éxito.
- Una planificación más precisa.
- Esperar a tiempos mejores, cuando las circunstancias sean propicias.

Si ponemos tantos requisitos para iniciar la travesía, nunca zarparemos hacia ninguna parte. Como dice nuestro amigo Andrés Pascual, «nunca se darán las condiciones ideales para aquello que quieres realizar. Si estás decidido, tendrás que hacerlo en medio de la tormenta».

La trampa de la utilidad

Además de las tres excusas que acabamos de ver y que nos alejan de poder vivir de nuestro *ikigai*, hay determinadas actividades que acarrean el estigma social de que no son productivas. O quizá, más que de estigma, deberíamos hablar de prejuicio.

Cuando los autores de este libro éramos adolescentes, había una serie de carreras que tenían el estatus de aptas para «ganarse la vida», como Económicas, Derecho o las diferentes Ingenierías. Hoy podríamos añadir algunas más, pero nos interesa echar un ojo a las que siguen siendo —desde el prejuicio de las mentes conservadoras— sinónimo de desocupación o pobreza.

Carreras como Filosofía o Bellas Artes, por poner solo dos ejemplos, no suelen considerarse monetizables. Es decir, si sigues uno de estos caminos te llegará constantemente el mensaje de que «no sirven» para trabajar.

Sin embargo, la realidad es mucho más compleja e interesante que lo que señalan estos prejuicios.

En Estados Unidos se aprecia la formación filosófica para cargos directivos, ya que haber aprendido a pensar se considera totalmente aplicable a responsabilidades que tienen que ver con la gestión del futuro, además de saber liderar equipos.

Si nos vamos a un ejemplo conocido, a Steve Jobs le dijeron que perdía el tiempo yendo como oyente a clases de tipografía, ya que no era diseñador ni artista. Años después, sin embargo, una de las singularidades más atractivas del Macintosh demostró ser que podías elegir el tipo de letra, a diferencia de otros ordenadores.

Por lo tanto, merece la pena poner en duda la noción misma de «carreras útiles». Puedes tener una formación estándar y no conseguir un trabajo bien remunerado porque no te apasiona lo que haces, mientras que habrá otros que ganen dinero con una actividad o proyecto que, en su inicio, parecía una utopía.

Es la persona en sí la que puede darle utilidad a una idea, según lo talentosa que sea y lo lejos que le lleve su imaginación, además de buscar una forma práctica de aterrizar su *ikigai*. Si eres bueno en lo que haces, tienes un plan y el impulso para empezar, nada debería detenerte. Hasta que la realidad no demuestre lo contrario, puedes triunfar en cualquier cosa.

Más aún: en los tiempos de la IA, muchas de las carreras «útiles» de antes peligran tal y como las conocemos. Sin embargo, hay ámbitos en los que ninguna máquina puede superarnos todavía. Son el conocimiento de las emociones y la creatividad lo que nos hace humanos.

Ikigai para artistas

Si el padre de Picasso no hubiera sido profesor de pintura, lo cual hizo que la familia cambiara a menudo de ciudad —Málaga, Galicia, Madrid, Barcelona—, y hubiese sido contable, por ejemplo, podrían haber tenido una conversación como esta:

—Papá, quiero dedicarme a pintar.

—Pero ¿qué dices, hijo? De eso no se vive. Te vas a morir de hambre.

—Me esforzaré para ser bueno. Quiero vivir de mis cuadros y hacer exposiciones en todo el mundo.

—Eso es solo un sueño, Pablo. Algo así puede hacerlo quien

es millonario y tiene los contactos para vivir del cuento. Tú tendrás que vivir de tu trabajo, como tu padre. Gánate la vida y luego, en tu tiempo libre, puedes tener una afición que te guste.

Conversaciones de este tipo son el pan nuestro de cada día. Afortunadamente, el padre de Pablo Picasso no trató de desempoderarlo, y la realidad es que su hijo ganó diez mil veces más que un contable.

Si nos limitamos a lo que parece «útil» según el pensamiento convencional, en el mundo no habría pintores, novelistas, actores y directores de cine, diseñadores de moda, ni tampoco se crearían cosas que no existen. Nos limitaríamos a seguir haciendo lo de siempre como bueyes que tiran del arado.

La realidad demuestra, sin embargo, que hay decenas de miles de personas que viven bien de profesiones «creativas», por ponerle una etiqueta positiva. Tú puedes ser una de ellas.

De hecho, no hay nada más valioso que una idea nueva, que una mirada diferente. Eso es lo que el mundo necesita.

Hay personas que relegan esa parte de creatividad pura al tiempo libre, ya que les tranquiliza tener «algo fijo» para pagar sus gastos, lo cual es totalmente respetable. No quieren vivir de su *ikigai*, al menos por ahora.

Si tienes este libro en tus manos, imaginamos que tú sí, de modo que sigue adelante. En los próximos capítulos veremos el *mindset* necesario para convertir tu pasión en un negocio, así como los cuatro principios que ayudan a que fluya el dinero.

19

Ganarle la partida a la vida con las peores cartas: el poder de la intención

El pasado verano se organizó un encuentro de empresarios en Russian River, en un bello lugar de acampada de Sonoma, al norte de San Francisco. El tema de ese año era el propósito vital, así que nos invitaron a dar una charla acerca del *ikigai*.

Nos recibió el presidente de la Organización de Emprendedores de San Francisco, Victor S. Nunnemaker, un hombre alto y delgado muy amable, y con una encomiable energía. Para anunciar los diferentes actos del encuentro, subía de un salto a un banco y proyectaba la voz de forma entusiasta.

Terminada la conferencia de *ikigai*, tuvimos tiempo para charlar con él sobre su vida, una conversación que prosiguió en Barcelona con motivo de la visita de Victor a un cliente.

Podemos decir que nunca habíamos escuchado de primera mano una historia personal con un inicio más triste y dramático. Si, como decía Arthur Schopenhauer, «el azar reparte las cartas, pero nosotros las jugamos», al protagonista de esta aventura le tocó la peor mano imaginable.

El primer recuerdo de Victor es de cuando tenía cinco años. Se despertó en mitad de la noche al oír el llanto de su madre en la sala de estar. Salió al pasillo y bajó las escaleras preocupado. En el salón, vio cómo su padre agredía a su madre. Al verle llegar, su padre le gritó: «¡Vuelve ahora mismo a tu habitación o serás el siguiente!».

Como su madre estaba llorando, Victor corrió hacia ella para darle un abrazo.

Se despertó a la mañana siguiente en el hospital, debido a la paliza que había recibido.

Tras este episodio, su madre se separó de su padre, a quien se le impuso una orden de alejamiento. Sin embargo, tres meses después, él regresó con una pistola y la mató delante de Victor y sus dos hermanos. Luego fue a por ellos. Quería liquidarlos también, pero un jardinero que se había acercado al oír los disparos logró desarmarlo.

Después de esta tragedia, los tres niños pasaron una temporada en un hogar de acogida, los dos hermanos en uno, y la hermana en otro para niñas. Posteriormente se fueron a vivir con su abuela por espacio de un año.

A los tres meses del asesinato de su madre, unos tíos de Victor murieron en un accidente de avioneta, dejando huérfanos a sus tres hijos. Fueron todos a vivir a casa de otros tíos que ya tenían cuatro hijos. Al llegar los seis huérfanos, eran diez niños en total, todos primos hermanos, compartiendo una casa humilde.

Vivían del sueldo de mecánico del tío, que no superaba los 24.000 dólares al año. Tenían poco, y conseguir cualquier cosa suponía una lucha. Los domingos cargaban el remolque y salían al bosque a recolectar leña. Vendían la mitad y se llevaban la otra mitad a casa, porque no tenían calefacción. La necesitaban para calentar la vivienda. Nunca comían carne de vacuno porque era demasiado cara para doce personas. Para completar su dieta, pescaban salmón y cazaban ciervos.

Fue una infancia difícil, y no solo por la pobreza. Antes de los dieciocho años, Victor perdió a un hermano que se ahogó. Otro de los niños murió en el coche que conducía una de sus primas bajo los efectos del alcohol. Unos años después, otra prima, que había consumido cocaína y varias drogas más, metió a su hija en el coche y colisionó de frente con el automóvil de una pareja. Todos murieron en el acto. Otros niños del clan se volvieron adictos a las drogas e incluso traficaron con ellas.

Con este ambiente de decadencia y destrucción, a los quince años Victor se encaró a su tío y gritó: «¡Esto es una mierda!». El hombre lo golpeó con un gato hidráulico en la pierna, por lo que apenas pudo caminar durante tres días. Y habría recibido más de no haber logrado escapar en su bicicleta cuesta abajo para refugiarse en casa de un amigo.

En medio de este cúmulo de calamidades, apareció un hombre que cambiaría la vida de Victor para siempre. Se llamaba Sid Long, y era el tutor de su escuela, además del padre de su mejor amiga. Fue tal su influencia que, en el futuro, Victor llamaría Sidney a su primera hija en honor a aquel hombre. Se convirtió en un padre para él, y también en una inspiración.

La trágica vida de Victor cambió el día que Sid llegó a su casa y le entregó una solicitud, a la vez que le preguntaba: «¿Conoces el Rotary Club? Ha convocado una beca para un estudiante de intercambio en Alemania. ¿Te gustaría ir? Al tener que aprender alemán, la pedirán menos estudiantes que en otros destinos. ¿Cómo lo ves?».

Incluso en las circunstancias más duras, puede abrirse una puerta. Normalmente, sucede a través de un mentor. Hay que dejar atrás el fatalismo y aprovechar esa oportunidad, ya que quizá sea «ahora o nunca».

En efecto, solo diez estudiantes se postularon para esa beca en Alemania, que acabó ganando Victor y se subió al primer avión de su vida. Tenía quince años y medio cuando voló de San Francisco a Ámsterdam, para viajar de allí a Alemania. Pese a que se sintió mal durante el vuelo, porque no estaba acostumbrado, Victor sabía que aquello era una gran oportunidad que debía aprovechar.

En el aeropuerto holandés le recogió el padre de la familia con la que viviría por espacio de un año. Era presidente y director ejecutivo de uno de los bancos más grandes de Alemania. Victor no hablaba alemán y sus anfitriones no hablaban inglés, tampoco los alumnos con los que cursaría bachillerato aquel año. El reto era mayúsculo.

Para aprender antes el idioma, Victor etiquetó en alemán todo lo que le rodeaba: «suelo», «pared», «mesa», «lámpara». Cada cosa tenía un pósit improvisado.

Su familia anfitriona le llevó a comprar su primer traje, porque debía acudir a la iglesia con ellos y no tenía.

Una semana después de llegar, le llevaron a la Riviera Francesa de vacaciones, algo que jamás había soñado. Ni Victor ni sus hermanos habían estado nunca de vacaciones, ni se habían alojado en un hotel, porque eran demasiado pobres. Ya era mucho sobrevivir y lograr cierta estabilidad.

Y no fue hasta llegar a Alemania que Victor entendió lo que era el éxito. El padre de la familia que lo acogía se lo llevaba a su trabajo, al banco, y lo sentaba a su lado en las reuniones frente a un par de empleados. Estos habían leído varios periódicos internacionales y en quince minutos le daban una actualización de lo que estaba sucediendo en el mundo; le resumían lo que el banquero necesitaba saber para administrar las inversiones. Luego le llevaba de un lado a otro para mostrarle lo que hacían los responsables de caja y cómo gestionar la contabilidad.

Aquel hombre le inspiró a estudiar Empresariales.

Los domingos le acompañaba a su bodega y, tras escoger una botella de vino, le decía: «Este es un vino del Mosela, al norte de Alemania. Hacen el *riesling* más increíble, y nos lo vamos a beber». Se lo llevaban arriba y lo abrían para probarlo.

Si tienes la oportunidad de pasar tiempo con quienes ya han alcanzado el éxito, aprende de su rutina. Presta atención a lo que hacen, cómo se conducen, sus palabras y consejos, los hábitos que los han llevado hasta donde están. Empápate de su modo de vida para aplicar lo que puedas a la tuya.

Con Sid Long y con Helmut, su «padre» en Alemania, Victor descubrió cómo un mentor puede cambiar tu vida si estás dispuesto a aprovechar las oportunidades que se presentan. También con los tíos que le criaron —a él y a nueve niños más— aprendió la ética del trabajo.

A los doce años había empezado a ganar dinero cortando el césped en casas vecinas, entre muchas otras tareas. Eso le ayudaría más adelante a ser emprendedor, a relacionarse bien con el dinero y a seguir siempre adelante. Su lema era: «Solo fracasas si te rindes; si no te has rendido, aún no has fracasado».

Debido a la pobreza que vivió en su infancia, el propósito de Victor durante la primera mitad de su vida, su meta número uno, fue ganar dinero, porque tenía mentalidad de escasez. Luego fue abriendo sus miras y desarrollando un *ikigai* más sofisticado.

En el Gymnasium —instituto de bachillerato—, a las afueras de Duisburgo, donde Victor estudiaba en alemán, allí solo era el mejor alumno en inglés, por razones obvias. Incluso ayudaba a su profesor a pronunciar correctamente algún pasaje de Shakespeare. Química y trigonometría se le daban bien, pero historia y lengua alemana suponían un enorme reto para él. Consciente de que iba por detrás de sus compañeros, Victor tomaba clases nocturnas de refuerzo.

En cuatro meses entendía la mayor parte de las conversaciones y las clases en alemán, y a los nueve meses ya traducía en la iglesia para los refugiados de Sri Lanka, que solo sabían inglés. Traducía del alemán lo que decía el pastor y le pagaban quince marcos por misa, que para él era una cantidad enorme.

Ganaba algo de dinero, aprendía otro idioma a marchas forzadas, se estaba convirtiendo en alguien diferente. Aquel año en Alemania le transformó por completo.

Incluso su forma de vestir había cambiado. Y hablaba distinto al regresar a Estados Unidos, porque cuando aprendes otro idioma también mejora tu lengua materna. En alemán usaba unas quinientas palabras que no conocía en inglés, así que luego buscó su equivalencia y enriqueció su lenguaje.

Cualquier experiencia en el extranjero, por lo que supone de inmersión lingüística y de aprendizaje de otra mentalidad, supone un salto cuantitativo en nuestras capacidades, además de una oportunidad de llevar a casa lo que hemos visto fuera.

Con diecisiete años, Sid Long empezó a pasarle folletos de varias universidades. Había que presentar las solicitudes con antelación. También le informaba de las becas que se estaban ofreciendo.

Victor acabó solicitando trece becas distintas y, como era buen estudiante, le concedieron las trece. El Rotary le daba 1.000 dólares, y una compañía maderera otra cantidad superior. Sumando todo podría pagar su educación. El día que se graduó en la escuela secundaria, mientras anunciaban en voz alta las becas, Victor tuvo que levantarse trece veces.

En cuanto a las universidades, solicitó Georgetown, Stanford, Santa Bárbara, Berkeley... Victor fue el primer niño del pueblo californiano de Fort Bragg, donde se había criado, en ser admitido en la Universidad de Georgetown. También fue aceptado en Stanford. Sin embargo, no pudo ir a ningún *college* de la Ivy League porque solo disponía de la mitad del dinero que costaba cada curso académico. Optó por inscribirse en la Universidad de California en Santa Bárbara, donde podía obtener otras becas de la propia universidad y así tenerlo todo pagado. Estudió Ciencias Políticas, porque en aquella época pensaba que quería ser diplomático.

No obstante, pronto se sacó la idea de la cabeza porque en la carrera diplomática tardaría tiempo en ganar dinero, y Victor quería prosperar. De modo que, a lo que ya estudiaba, se sumó Ciencias Políticas. Y siguió con el alemán para no perder lo que había aprendido en Europa.

Fruto de su esfuerzo, los resultados académicos fueron tan buenos que la Fundación del Rotary Club le concedió 25.000 dólares complementarios para estudiar un posgrado en el extranjero.

La ventaja de Victor era que ya hablaba alemán. Casi todos los estudiantes pedían destinos en países de habla inglesa, como Australia, Nueva Zelanda o Gran Bretaña. Él fue admitido en la Universidad de St. Gallen, en Suiza, y allí se hizo amigo de Ola Källenius, un estudiante sueco que acabaría siendo el director mundial del grupo Mercedes-Benz. Esa amistad se mantendría a lo largo de décadas.

Elige bien a tus mejores amigos en el camino de la vida, ya que acabarás pareciéndote a ellos.

En St. Gallen cursó Finanzas Internacionales en un programa parecido a lo que hoy es un MBA. Estudiaban marketing, finanzas, contabilidad, etc. En eso Victor era bueno, porque antes de realizar el posgrado en el extranjero había trabajado para Price Waterhouse como auditor. Había participado incluso en un par de acuerdos de fusiones y adquisiciones, lo cual le dio experiencia y, en retrospectiva, le ayudaría en sus futuros negocios.

Al terminar su posgrado, le ofrecieron un puesto en Zúrich en el Citibank, un gran banco de inversión. Sin embargo, un mes antes de empezar, decidió regresar a su país y se estableció en Silicon Valley.

Había conseguido un trabajo en Genentech, la primera empresa de biotecnología, que formaba parte del grupo Roche. Tenía sus oficinas al sur de San Francisco, y allí se trasladó con su novia de entonces, que era romana.

Treinta años después, Victor sigue viviendo en Silicon Valley, un lugar vibrante lleno de nuevas oportunidades, un centro tecnológico que le permitiría abrirse camino a través de algunas empresas grandes.

Después de Genentech, entró en Oracle, y luego en Corio, donde ocupó el cargo de vicepresidente de finanzas y recibió acciones de la compañía, lo cual supuso un incentivo, porque si la empresa tenía éxito, él tendría éxito. Desde su puesto, llevó la empresa a la bolsa de valores NASDAQ. En un momento difícil, el año 2000, cuando se produjo el colapso de las puntocom, logró que cotizara en bolsa en junio de 2000 y recaudaron alrededor de 140 millones de dólares.

Tenían un flujo de caja positivo y eran rentables. La «nube» no existía en aquel entonces, pero se anticiparon a ese concepto. Si tenías tu propia empresa, necesitabas servidores, y había que administrarlos directamente y pagar mucho en mantenimiento.

Pasó a ser una de las primeras empresas de lo que hoy se conoce como «proveedor de servicios de aplicaciones». La visión que se ofrecía a los clientes era: «¿Por qué te ocupas de esto tú mismo? Deja que nos encarguemos de vuestros servidores. En nuestras manos tendremos todo siempre actualizado. Cada vez que se necesite una actualización, nosotros la haremos. Puedes prescindir de las seis personas que se encargan de los servidores. No necesitas mantener los servidores, que son realmente caros, ni preocuparte por las actualizaciones o de que se caigan. Para ello solo debes pagarnos todos los meses durante tres años y, luego, si quieres ir a otro lugar, transcurrido ese tiempo, puedes hacerlo».

Consiguieron cuatrocientos grandes clientes que les pagaron por hacer esto, y así fue como pudieron recaudar los 140 millones de dólares en su salida a bolsa.

No obstante, tres meses después, en septiembre de 2000, se produjo la segunda caída en el mercado de valores y aproximadamente la mitad de sus clientes quebraron. No lograron sobrevivir. Y, aunque tenían contratos con ellos, su negocio se fue al garete.

Cuando sacas tu empresa a bolsa, hay un periodo de bloqueo de seis meses durante el cual no puedes tocar el dinero. Como ejecutivo, no puedes vender tus acciones ni hacer nada. Y Victor vio cómo sus propias acciones, que valían decenas de millones, pasaban a valer cero.

Tenía treinta y tres años cuando, con una mano delante y otra detrás, abandonó la empresa para trabajar en una farmacéutica, donde ejerció de director financiero durante un año y medio. Luego salió de allí para emprender sus propios proyectos.

Puedes perderlo todo, desde un punto de vista económico, pero no el conocimiento que ganaste con cada experiencia.

Antes, sin embargo, se tomó unos meses sabáticos tras leer el libro *Rehaga su equipaje: ¿Le hace feliz su viaje por la vida?* de Richard J. Leider y David A. Shapiro. Victor opina que es necesario algo de tiempo libre entre una etapa importante y la siguiente. Hay que «volver a hacer las maletas», como dice el libro.

El concepto es simple: si compras ropa nueva, antes tienes que deshacerte de la vieja para hacer sitio. Funciona de la misma manera con tu pareja o tu trabajo. Si no te deshaces de tu mochila física, emocional e intelectual, no podrás «hacer las maletas» para el viaje que tienes por delante. Necesitas soltar lastre para caminar ligero.

Louis Pasteur decía: «El azar solo favorece a las mentes preparadas». Y no podrás estar preparado para la próxima oportunidad si tu cabeza está en el pasado, aferrada a ideas ya conocidas.

Durante su año sabático, Victor se dedicó a las «carreras de aventura»: correr campo a través, ciclismo de montaña, nadar en lagos... Participó incluso en el programa de televisión *Global Extremes*, que consiste en hacer un montón de carreras por todo el mundo que culminan con la escalada del Everest. Empezaron mil concursantes, pasaron a cien, luego cincuenta, veinticuatro y por último doce. Victor seguía allí.

Fue entonces cuando Marie, su pareja, le llamó para comunicarle que estaba embarazada. Victor tuvo que renunciar al Everest para asumir la cima de ser padre.

Es importante dejar un espacio de aventura y reflexión entre una etapa vital y la siguiente. Un largo viaje o un año sabático nos puede servir para «resetearnos» y afrontar nuestro propósito con nuevas ideas.

Cuando nació Sidney, su primera hija, Victor y Marie vivían en San Mateo, a veinte minutos al sur de Silicon Valley. Dos años y medio después tuvieron a su hijo Jared.

A sus treinta y tres años había montado una empresa de servicios de construcción que, doce años después, tenía 75 empleados en tres sedes distintas. Fue entonces cuando la vendió a un comprador extranjero, y con lo que ganó podría haberse jubilado, pero no lo hizo.

Un buen amigo suyo necesitaba ayuda con la empresa maderera de su familia, que estaba perdiendo dinero. Victor entró en la junta y descubrió que la causa de que no fuera rentable se debía a un fraude. Resuelto eso, les ayudó a encontrar una salida y venderla a una empresa maderera multinacional de Portland que necesitaba una ubicación en California.

Él negoció el trato y obtuvo una recompensa financiera por ello, pero lo mejor fue ayudar a un buen amigo a salir de una situación difícil para su familia. Eso le aportó más satisfacción que el dinero obtenido.

Los cinco años previos a que sus hijos entraran en la universidad, ellos fueron la prioridad de Victor. Quería tener tiempo para ellos, estar seguro de acompañarlos en todo lo que necesitaban.

Culminado esto, se preguntó: «¿Y ahora qué?». En sus propias palabras: «Creo que he conseguido todo lo que he querido en la vida. Y ahora me corresponde averiguar cómo lograr tener el mayor impacto en la sociedad con mi propósito, divirtiéndome y siendo útil a los demás. Debido a las duras experiencias que viví de niño, he aprendido a sobrevivir y a tener éxito. Por lo tanto, lo que puede dar sentido a mi vida ahora es inspirar a la gente a encontrar su propio camino, especialmente en el campo de las finanzas. También participar en proyectos sociales.

»Logré recaudar un millón de dólares en solo una hora para el Hanna Center de Sonoma, que acoge a chicos cuyos padres son drogadictos, están en la calle o han fallecido. Les ayudan a salir de la calle para ir a la escuela, y los llevan al instituto y luego a la universidad, si eso es lo que verdaderamente quieren. También doy charlas por todo el mundo para el Rotary Club, que me ayudó tanto en mi juventud. Creé un fondo a nombre de mi madre con el que construimos una escuela en República Dominicana en una plantación de tabaco. Cada una de las aldeas circundantes envía cinco niños que entran en la escuela y estudian hasta la secundaria. Cuando se gradúan, les garantizamos un trabajo con Carlos Fuentes que es el empleador más grande de República Dominicana y participa en el proyecto».

El objetivo último del propósito vital es el servicio a los demás. Podemos emprender proyectos, pero al final buscamos qué huella queremos dejar en la sociedad, qué legado dejar al mundo.

Además de las iniciativas sociales, Victor se ha interesado por aportar educación financiera a los demás. Para ello creó un blog bajo el seudónimo de Poleeko en el que escribió hasta finales de 2022. Y ha divulgado vídeos sobre qué son los balances, la cuenta de resultados, el flujo de efectivo, la capitalización, el interés compuesto, etc.

Considera que son conceptos básicos que todo niño debería entender, pero que no se enseñan en la escuela. «Puedes estar en contra del dinero todo lo que quieras, pero el mundo gira en torno a él y, si no lo entiendes y no lo hablas, no harás nada en la vida —asegura Victor—. Es importante que aprendas el lenguaje del mundo, que es el dinero, y cuanto más lo entiendas, más independiente vas a ser».

El propósito de Victor ahora es ayudar a la gente a ascender en la pirámide de necesidades de Maslow. ¿Cómo llevarla al nivel en el que no tengan que preocuparse por la vivienda, la comida, esto o aquello, y puedan centrarse en ser creativos, aprender un idioma o ayudar al mundo? Ese es su *ikigai* actual.

¿Quién se enriqueció en la fiebre del oro?

Esta es la pregunta que lanza Victor para iniciar sus charlas de educación financiera para jóvenes.

Durante la «fiebre del oro», que tuvo lugar entre 1848 y 1855, quienes se enriquecieron no fueron las personas que extraían el oro, sino aquellos que vendían a los mineros el equipo para extraerlo. Fue la gran oportunidad de Levi Strauss & Co., que ya vendía los tejanos que existen hoy en día, lo cual le permitió facturar millones de dólares. También ganaron los que vendían los picos y las palas.

A la hora de invertir en bolsa es lo mismo: se trata de saber cuáles son «los picos y las palas» de la siguiente revolución.

Antes de que la inteligencia artificial fuera una realidad, Victor se preguntó: ¿qué empresas van a suministrar las cosas que hacen posible la revolución de la IA? La inteligencia artificial no era posible sin microchips extremadamente rápidos y potentes. ¿Quién suministra los microchips? Nvidia. Esta empresa tenía el 95 % del mercado. Así, Nvidia fue una de las empresas en las que Victor invirtió, antes de que sus acciones subieran hasta un 2.000 %.

También previó que la nueva tecnología necesitaría de enormes bases de datos, de granjas de servidores. Había que gestionar esos datos y se necesitaba un formato para poder acceder a ellos y llevarlos a los diferentes jugadores, además de asegurarse de que no se apoderaran de ellos otras empresas. Por lo tanto, la ciberseguridad era otra pieza del pastel para hacer posible la IA y merecía su apuesta.

Otra de sus inversiones fue en Cloudflare, una empresa que montó centros de datos por todo el mundo, de modo que cuando usamos internet, el contenido llega a nuestras pantallas desde los servidores más cercanos a nuestra localización geográfica. Cloudflare tiene datos replicados para poder devolverte esa información en un abrir y cerrar de ojos, estés en Singapur, Barcelona, Nueva York o San Francisco.

En 2025, aproximadamente un 25 % del tráfico de internet pasa a través de alguno de los servicios de Cloudflare. Cobran por ello, ya que son como el barquero que te ayuda a cruzar al otro lado del río. Tienes que pagarles cada vez que necesitas que esos datos regresen.

Para Victor, estos son «los picos y las palas» de internet.

¿Cuáles serán los picos y las palas que posibiliten la próxima fiebre del oro?

20

El arte de gastar bien y disfrutar del dinero

> El dinero se multiplica en valor práctico según las cuatro «D» que controles en tu vida: decidir qué hacer, decidir cuándo lo haces, decidir dónde hacerlo y decidir con quién lo haces.
>
> Timothy Ferriss

Al igual que podemos obtener dinero con o sin *ikigai*, cuando llega la hora de gastar también podemos elegir entre hacer compras con cabeza o malgastar. Todos conocemos el arrepentimiento que nos invade después de haber comprado algo que realmente no necesitábamos, o cuando encontramos trastos en casa cuya existencia habíamos olvidado y casi nunca hemos usado.

En un mundo cada vez más lleno de tentaciones, en el que somos bombardeados por la publicidad, ¿cómo podemos ser más disciplinados?

La felicidad no es conseguir todo lo que deseas comprar, es querer todo lo que posees.

Frugalidad

¿Se lo pasa realmente mejor aquel que duerme en una suite en un hotel de lujo o el que lo hace en una tienda de campaña en la esquina de un camping con vistas a las montañas, donde puede tumbarse por las noches a contemplar el cielo estrellado?

Cultivar una actitud frugal es uno de los mejores métodos para no malgastar, como un músculo que se puede entrenar. La pregunta fundamental en todo momento es: ¿necesito realmente comprar esto?

Al principio será fácil que nos engañemos al responder y digamos: «Sí, lo necesito porque...». Pero a fuerza de repetirnos la misma pregunta, las probabilidades de seguir engañándonos a nosotros mismos se irán reduciendo.

Otras preguntas que podemos hacernos son:

- ¿Me estoy dejando llevar por mi estado emocional? ¿Quiero comprar esto simplemente porque estoy contento, triste o estresado?
- ¿Se arrepentirá mi yo del futuro de mi decisión de ahora?
- ¿Estoy siendo víctima de una falacia o sesgo cognitivo (véase el capítulo 7)?
- Si fuera mi hijo o mi hija, ¿le dejaría comprarlo?

Si responder a estas cuestiones no nos da resultado, otro método consiste en crearnos barreras. Lo más sencillo es posponer la decisión cierto tiempo. Si al cabo de quince días o un mes todavía deseamos hacer la compra, entonces la hacemos. Otro método consiste en escribir una lista de deseos (en papel o en nuestro servicio online de compras favorito) y revisarla de vez en cuando para ver si hay cosas que seguimos queriendo. Una modificación interesante de la lista de deseos es añadirle condiciones. Por ejemplo: «Cuando acumule más de X cantidad en mi cuenta de ahorros, cambiaré de coche». O: «Cuando consiga terminar el proyecto X, me pagaré un viaje a…».

Al añadir condiciones a nuestra lista de deseos, acumular dinero para conseguirlos adquirirá más significado y propósito.

Minimalismo

Este concepto abarca más que líneas limpias y espacios ordenados. Es una mentalidad, una elección consciente de enfocarse en lo que realmente importa y eliminar lo que no. Ya sea que busques reducir el estrés, recuperar tiempo o vivir con más propósito, el minimalismo ofrece un cambio poderoso. No se trata solo de tirar cosas, sino de cambiar la forma en que ves el mundo y a ti mismo.

Hemos leído muchos libros sobre minimalismo y durante años hemos escuchado todo tipo de consejos. ¿Qué ideas principales se han quedado en nosotros?

Lo hemos condensado en estas siete claves del minimalismo:

1. *¿Esto me genera alegría?*
   Con esta pregunta, ahora famosa gracias a Marie Kondo, no se trata solo de felicidad. Se trata de energía. Tus objetos te elevan o te drenan. La alegría es la brújula. Si

un objeto te hace sentir pesado, culpable o indiferente, no tiene lugar en tu vida.

2. *Uno entra, uno sale*
   Esta regla previene el desorden antes de que empiece. Cada vez que entra algo nuevo en tu espacio (una camisa, un libro, un aparato), algo debe salir. Suele ser más fácil si es del mismo tipo: por ejemplo, si compramos un libro, regalamos uno viejo. Es una forma sencilla de mantener el equilibrio y resistir el impulso inconsciente de acumular.

3. *¿Tengo varios objetos iguales?*
   Los duplicados suelen revelar hábitos inconscientes. ¿Realmente necesitas cinco tijeras o veinte bolígrafos en casa?

4. *Si lo perdiera, ¿volvería a comprarlo?*
   Esta es una prueba poderosa. Si ese objeto desapareciera hoy, ¿sentirías la necesidad de reemplazarlo comprando otro? ¿O te produciría alivio que ya no esté?

5. *¿Ha pasado más de un año sin que lo use?*
   Si algo lleva más de un año acumulando polvo, probablemente ya no tiene utilidad. Dejar ir esos objetos crea espacio, y no solo físico, sino también mental. Es como cerrar pestañas del navegador que siguen abiertas en tu mente. Un truco útil es guardar objetos en cajas con fecha: si después de un año no has necesitado abrirla, puedes deshacerte de todo lo que hay dentro.

6. *¿Conservo esto para proyectar una imagen?*
   Esta es una de las preguntas más profundas y reveladoras. A veces guardamos cosas porque dicen algo sobre la persona que quisiéramos ser. Tal vez es una bolsa de diseño, una esterilla de yoga o una cámara costosa. Si no la usas realmente, puede que forme parte de una identidad falsa que estás intentando mantener. Esa ilusión te pesa. Estos objetos innecesarios te hacen compararte con otros sin darte cuenta, y acumulas cosas solo para no sentirte inferior.

7. *¿Puedo hablar con pasión sobre este objeto?*
   Cada cosa que tengas debería significar algo importante para ti o cumplir una función útil. Si no puedes hablar de ello con cariño o con interés genuino, quizá sea un peso muerto. Deja que tus pertenencias cuenten una historia que valga la pena. Por ejemplo, para Francesc tener un piano es algo de valor espiritual, ya que le conecta con su despertar artístico de adolescente. Para Héctor, hay una vieja Polaroid que representa su pasión por la fotografía.

El minimalismo es una mentalidad, no una moda. Poner en práctica estos principios no solo ordenará tu hogar; también ordenará tu identidad. Comenzarás a notar cómo cada objeto apoya o bien sabotea a la persona que quieres llegar a ser. Y cuando tu mundo exterior se alinea con tus valores internos, todo se vuelve más fácil. Ganas enfoque, paz, creatividad, e incluso alegría.

Cuando cambia tu identidad, también cambian tus hábitos.

Te conviertes en una persona que ya no acumula ni compra por impulso. Eres alguien que vive con claridad, propósito y ligereza.

Se trata de tener más espacio para lo que importa: el amor, el sentido, el crecimiento, la paz. Como principiante en el minimalismo, no necesitas cambiarlo todo de la noche a la mañana. Elige una de las siete claves. Aplícala a una sola área de tu vida y deja que comience el efecto dominó.

La simplicidad no es el destino, es el camino.

Permitirnos lujos sin derrochar

Mientras editábamos este manuscrito, nuestro amigo Rodrigo Fernández estaba paseando por Tokio cuando se encontró por casualidad con Tim Ferriss, autor de *La semana laboral de 4 horas*. Tim y Rodrigo comparten su filosofía de invertir en lujos que te aporten un gran retorno de felicidad.

Con lujos no se refieren a cosas que sean especialmente caras.

Por ejemplo, Tim Ferriss suele listar en su pódcast y en su blog los gadgets que compró por 100 dólares o menos que más le aportaron durante el último año. En 2017 mencionó cosas tan sencillas como una pelotita de goma para masajes que le ayudó con los dolores musculares, un gorro que le abrigaba las orejas y un teclado inalámbrico ligero y fácil de transportar.

También es una pregunta que suele hacerles a los invitados a su pódcast: ¿qué compra de menos de 100 dólares ha impactado más en tu vida el último año? Prueba a responder a esta pregunta, quizá te surjan ideas para invertir en pequeños lujos.

En el caso de Rodrigo, además de compartir sus mejores

gadgets en pódcasts y redes sociales, también es un experto en descubrir secretos de Tokio. Le gusta encontrar cafeterías y restaurantes con un toque especial, o lugares a los que un turista no iría normalmente. Uno de los consejos que Rodrigo suele dar es: «Hay que invertir en anécdotas». Tal vez nos cueste gastar tiempo y dinero en viajar a un lugar desconocido, pero ¿y si lo vemos como una oportunidad de aventura en la que coleccionaremos historias?

Manuel Cebrián, que también está de visita en Tokio al mismo tiempo que Tim Ferriss, apunta que el corolario de Rodrigo podría expandirse así: «Es dificilísimo invertir en anécdotas en solitario, casi siempre funciona mejor si estás con otros».

Casi siempre, invertir en experiencias nos aportará más que gastar en lujos materiales. De aquí a veinte años, recordarás la emoción de llegar a la cima de una montaña con tus amigos, pero te habrás olvidado de las zapatillas de marca que llevabas puestas.

A la hora de considerar un gasto en una experiencia, podemos preguntarnos:

- ¿Me permite aprender algo nuevo?
- ¿Mejora algún aspecto de mi vida?
- ¿Me hace ver el mundo desde una perspectiva nueva?
- ¿Me ayuda a conectar con mi familia y mis amigos?
- ¿Se trata de una experiencia nueva o que deseo repetir?
- ¿Es algo que alimenta mi corazón?
- ¿Estoy ayudando a otros?

Y como la vida tampoco consiste en analizarlo todo a todas horas, de vez en cuando dejémonos llevar por la tentación. Pero, al menos, seamos conscientes: «Estoy cayendo en una tentación, así que… ¡adelante y a disfrutar!».

Una de las formas de gastar sin preocupaciones consiste en decidir un presupuesto para ocio y cosas extra. Si no nos pasamos de la cantidad que hemos decidido, no tenemos por qué sentirnos mal.

Para tomar más conciencia de nuestros gastos, a continuación presentamos un método japonés.

Kakeibo

Esta ley universal del ahorro es obvia y conocida por todos, pero siempre es bueno recordarla: «Gastar menos de lo que ganamos».

El problema es que, con el ajetreo de la vida moderna, sabemos bien lo que ganamos, pero pocas personas saben cuánto gastan. Solo nos damos cuenta cuando vemos que la cuenta del banco va bajando.

En el Japón del Periodo Meiji, cuando el país comenzaba a modernizarse y abrirse al mundo, Hani Motoko, considerada la primera periodista japonesa, publicó en 1904 en una revista para mujeres un método llamado *kakeibo* para llevar la economía doméstica.

Kakeibo se traduce como «libro de cuentas del hogar». A diferencia de las apps modernas que automatizan todo, lo valioso de este método es que se trata de una práctica manual, reflexiva y casi meditativa. Es algo así como escribir un diario del dinero.

El método es sencillo. Solo tienes que apuntar los gastos diarios en una libreta y asignarle una categoría a cada uno:

- *Supervivencia*: comida, transporte, alquiler, impuestos, pago de hipoteca, servicios básicos, facturas de luz-agua-internet…
- *Ocio*: viajes, cine, restaurantes…
- *Cultura y educación*: clases en academias, cursos, universidad, visitas a museos, libros…
- *Extras e imprevistos*: reparaciones, médicos y hospitales…

Y a principio de mes, responder a cuatro preguntas que te ayudan a tomar las riendas:

- ¿Cuánto dinero tengo disponible?
- ¿Cuánto dinero quiero ahorrar para el mes siguiente?
- ¿Cuáles son mis gastos fijos?
- ¿En qué puedo mejorar? ¿He gastado en aquello que me acerca a mi estilo de vida ideal?

La última pregunta es la clave del método, ya que nos invita a reflexionar y a introducir cambios en nuestros hábitos financieros. Podemos expandir la reflexión con preguntas extra: ¿cuáles fueron mis gastos más impulsivos? ¿Cómo los podría haber evitado? ¿Qué gasto me dio la mayor alegría y satisfacción? ¿Es dinero gastado con *ikigai* que me acerca a mi propósito?

El objetivo de esta práctica es tomar conciencia de lo que gastamos y en qué lo gastamos. Al escribirlo a mano, desarrollamos una nueva relación con nuestras finanzas.

Tu cuaderno *kakeibo*

Más de cien años después de su invención, en Japón se siguen publicando multitud de agendas para hacer *kakeibo*. Pero no hace falta comprar una, puedes iniciar tu propia libreta *kakeibo* ahora mismo. Esto es lo que necesitas:

- *Un cuaderno en blanco.* Cualquiera sirve, lo importante es que te invite a escribir.
- *En la primera página, escribe las cuatro preguntas fundamentales y respóndelas.* Quizá al principio no puedas contestar con claridad a alguna de ellas, porque no sabes realmente cuáles son tus gastos fijos o no tienes claro qué puedes mejorar todavía. Simplemente escribe lo primero que te venga a la cabeza. Lo importante es dejarlo por escrito y compararlo con tus respuestas un mes más tarde.
- *Al final de cada día escribe todos tus gastos.* Para no olvidarte, puedes pedir los tíquets cada vez que compras algo. Luego escribe los importes en una línea: descripción, cantidad y categoría. Las categorías definidas por el método *kakeibo* son: supervivencia, ocio-lujos, cultura-educación, extras-imprevistos.

Comida restaurante	29 euros	Ocio
Libro	26 euros	Cultura
Billete metro	3 euros	Supervivencia
Compra en el súper	120 euros	Supervivencia

- *Al final de cada mes, vuelve a escribir las cuatro preguntas fundamentales.* Al responderlas de nuevo y comparar tus respuestas con las del mes anterior, te darás cuenta del verdadero poder de este método. Verás cómo algunas van cambiando poco a poco conforme pasan los meses; en cambio, otras seguirán firmes si tienes claro el propósito de tus gastos.

También es importante reflexionar sobre los excesos o los gastos innecesarios y pensar en las decisiones diarias que podemos tomar para evitarlos. Ejemplos de decisiones conscientes podrían ser: cocinar más en casa para reducir el gasto en restaurantes, reparar las cosas cuando se rompen en vez de comprar otras nuevas...

21

El sueño de un ingeniero: los últimos pueden ser los primeros

Conocimos de primera mano esta historia de Albert, un joven del norte de España que vivió en su ciudad natal hasta los diecisiete años. Fue entonces cuando decidió trasladarse a Estados Unidos para hacer el último curso de bachillerato en un instituto de Kentucky.

Allí aprendió inglés y luego se matriculó en una universidad de Oregón para estudiar Ingeniería Eléctrica. Albert era un alumno normal y corriente. La carrera le costaba, no destacaba por su brillantez, pero sí en cuanto a sus hábitos. Consideramos que fueron clave en esta historia de éxito.

En su rutina como estudiante, se levantaba pronto y se acostaba tarde cada día, ya que para ayudar a sus padres a costear la universidad compaginaba la carrera con su trabajo en la residencia estudiantil. Albert era el responsable de los alumnos de un ala de su facultad, de modo que si alguno se quedaba fuera de la residencia porque había perdido las llaves, estaba deprimido o tenía cualquier otro problema, podía acudir a él.

Este trabajo requería que Albert estuviera siempre de guardia. Nada más salir de clase, cuando se ponía a estudiar en su habitación, podían interrumpirle en cualquier momento con cualquier contratiempo que surgiera. Gente de su misma edad acudía a él con todo tipo de problemas: familiares, económicos, sentimentales, etc. Albert nos cuenta que aquello era un campo de minas. Había noches que le despertaban a las dos de la madrugada porque había una urgencia.

Sin embargo, aquel servicio a los demás sería clave para su futuro éxito, ya que este trabajo le sirvió para entender a las personas. Sin serlo, ejercía de psicólogo y aprendió a empatizar con la gente y a buscar soluciones a sus problemas.

Comprender la psicología de los demás, y prestarles ayuda, te permitirá empatizar con tus futuros clientes y te dará una ventaja competitiva a la hora de ofrecer tus servicios.

Albert no era de familia rica, así que terminó sus estudios de Ingeniería con tres becas. No se trataba de las conocidas becas deportivas, sino de becas al mérito y a la contribución. Se graduó como el estudiante con más dedicación a los demás de toda su universidad.

Después se trasladó con un amigo a California, a una población donde estaba una de las mayores empresas armamentísticas. Allí buscó trabajo durante seis meses y no lo consiguió. De hecho, fue el único alumno de toda su promoción que no encontró un empleo. Uno de los motivos era que la industria armamentística estaba contratando a gente, pero él no podía optar a un puesto porque, al no ser estadounidense, no tenía la «autorización de seguridad» requerida.

Por otra parte, era el año 2002, y, tras el estallido de las puntocom, empresas como Intel o Microsoft estaban despidiendo a sus empleados. En aquella época desaparecieron miles de empresas de internet debido a fusiones o quiebras.

En aquel momento, el salario medio en Estados Unidos de un ingeniero de su categoría, recién salido de una facultad técnica, oscilaba entre los 50.000 y los 55.000 dólares al año, pero Albert no logró conseguir empleo, a diferencia de sus compañeros.

Tras seis meses de espera infructuosa, tuvo que regresar a España para buscarse la vida.

Hay que saber reconocer cuándo una vía está muerta y debes buscar otra distinta. Hacer rápido el duelo de tu sueño e ir a por la siguiente opción es parte del camino al éxito.

De regreso a España, fue contratado por una consultora tecnológica, y su puesto estaba en el sótano del edificio. Curiosamente, nos cuenta Albert, sus dos primeros trabajos fueron en sótanos en los que no veía nunca la luz del sol. En aquel primer trabajo recibía un escaso salario de 16.500 euros anuales por trabajar desde las ocho de la mañana hasta las once de la noche.

Albert reconoce que era un «puñetero superviviente». Por eso tuvo que ponerse a programar, cosa que nunca se le había dado bien. Así empezó su experiencia laboral, programando en un sótano.

A los nueve meses, justo cuando acababan de ascenderlo, decidió marcharse al CERN, en Ginebra, donde su novia había obtenido una plaza de investigadora. Permaneció allí más de un año, compartiendo habitación con ella, pero tampoco encontró trabajo. Hizo alguna entrevista para intentar incorporarse al CERN, pero Albert no era un buen ingeniero y no le quisieron en ningún departamento. Por lo tanto, no le quedó otra que regresar a España.

Dándose cuenta de que necesitaba ampliar sus estudios, cursó un máster en una escuela de negocios donde, años después, daría clases de marketing.

En el ADN de las personas que logran sus objetivos, por difícil que se ponga el camino, está formarse continuamente, nunca dejar de aprender.

También en la escuela de negocios sería el último de su promoción en conseguir trabajo. Es decir, Albert no tenía especial facilidad para obtener cosas, pero mientras estudiaba el máster sucedió algo que daría un giro a su vida.

Allí comunicaron a los estudiantes que se organizaba un evento en Barcelona llamado Expo Management y que necesitaban voluntarios para acompañar a los ponentes cuando llegaran a la ciudad. No sería una tarea remunerada, ni supondría puntos extra en sus calificaciones académicas, cosa que hizo que casi nadie se interesara.

Albert se apuntó enseguida y, a sus veinticuatro años, el primer ponente al que acompañó a todas partes como asistente resultó ser Stephen Covey, el autor de *Los 7 hábitos de la gente altamente efectiva*. Al terminar el evento, Albert mostró su proactividad preguntando a los organizadores de Expo Management si el congreso se organizaba en más sitios y le contestaron que también tenía lugar en Madrid.

Albert les dijo que contaran siempre con él como voluntario.

Durante doce años, dedicó el 40 % de sus vacaciones, sin cobrar jamás por ello, a acompañar a congresos a personalidades como Ken Blanchard, el premio Nobel Muhammad Yunus, Howard Schultz —fundador de Starbucks—, el empresario Richard Branson, Jack Welch —antiguo CEO de General Electric—, e incluso Steve Wozniak, cofundador de Apple junto a Steve Jobs.

Todo su entorno, sobre todo los jóvenes de su edad, seguían preguntándole si le pagaban por hacer este trabajo, y Albert pensaba que no habían entendido absolutamente nada.

El público que asistía a esos congresos pagaba 2.000 euros por persona para poder sentarse cerca del ponente durante una hora. Albert pasaba dos días enteros con el ponente sin pagar nada, incluso cenaba de forma privada con aquellos genios.

Estar cerca de las personas a las que admiramos es una inspiración impagable para nuestro crecimiento profesional y personal.

De cada ponente, Albert aprendió algo que luego aplicó a su vida empresarial.

Tras superar sus dificultades para encontrar empleo, cuando se sintió preparado para afrontar nuevos retos, recibió cinco ofertas de trabajo la misma semana. De estas, dudó entre dos: una gran corporación (Google) o una empresa desconocida que se dedicaba a fabricar complementos para motoristas.

Es decir, debía elegir entre un nombre o una experiencia.

Todos sus amigos pensaban que optaría por Google, que tenía un gran poder de atracción en aquella época. Además, a Albert no le interesaban las motos. No obstante, prefirió esa pequeña empresa porque allí vio la oportunidad de aprender.

Sin saberlo, estaba aplicando la fase 2 de lo que se conoce como «Las edades de Jack Ma».[12] El fundador de Alibaba recomendaba en una célebre charla lo siguiente:

1. Hasta los veinte años, comete todos los errores posibles, no tengas miedo a caerte y levantarte, y trabaja un poco para ganar experiencia.
2. De los veinte a los treinta, sigue a alguien a quien admires. Ve a una empresa pequeña, porque en las grandes serás parte de una gran maquinaria y solo aprenderás procesos, mientras que en la pequeña descubrirás qué es la pasión, los sueños. Aprenderás a hacer muchas cosas distintas. Con todo, hasta los treinta años no importa tanto en qué compañía trabajas, sino a qué jefe sigues.

---

[12] Fuente: <https://www.youtube.com/watch?v=t2IXQEHmqQQ>.

3. De los treinta a los cuarenta, deberías estar trabajando ya para ti, si lo que quieres es emprender.
4. De los cuarenta a los cincuenta, es tiempo de centrarte en hacer las cosas en las que eres bueno. No trates de saltar a un área nueva. Hay una probabilidad alta de que sea demasiado tarde.
5. De los cincuenta a los sesenta, trabaja con los jóvenes, porque sin duda lo harán ya mejor que tú. Apóyate en ellos, invierte en ellos. Asegúrate de que están bien.
6. A partir de los sesenta, usa el tiempo para ti. No sabes cuánta vida útil te queda, así que deberías dedicarte a disfrutar de cada día.

Albert estuvo dos años y medio trabajando en esta empresa, donde aprendió desde cero toda la cadena de valor. Aprendió a crear un producto que no existía, a diseñarlo, a lanzarlo al mercado y a comercializarlo. Además, aprendió a negociar, ya que esta empresa tenía contacto con proveedores de China.

Más allá de cuál sea tu especialización,
ten una visión global de tu negocio:
cómo concebir un producto, cómo diseñarlo,
cómo mejorarlo y cómo ponerlo
en el mercado.

Mientras trabajaba en la empresa de material para motoristas y seguía acompañando a ponentes en Madrid y Barcelona, empezó a colaborar en la Organización Mundial de Emprendedores, y fue contratado como secretario de dicha entidad.

Allí, un importante empresario le lanzó por primera vez la pregunta: «Y tú, Albert, ¿nunca te has planteado montar una empresa?». Tenía veinticuatro años y de pronto se vio trabajando con los mayores emprendedores de España.

En medio de ese entorno, alguien le propuso que arrancara un negocio de *Search Engine Marketing* («Marketing para buscadores»).

Al principio solo le dedicaba los ratos libres y los fines de semana. De hecho, los primeros dos años como «empresario» no cobró ni un euro, pero aprendió muchísimo. Cuando llegó el momento, abandonó su trabajo como asalariado para dedicarse exclusivamente a su negocio.

En muchos proyectos hay que respetar la fase de transición, en la que no se abandona el plan A hasta que el plan B ha crecido lo bastante para dar el salto.

La empresa empezó a funcionar porque Albert aportó su experiencia en sus anteriores trabajos, así como lo aprendido de los ponentes y los empresarios que había conocido. Él considera que, sin ser un gran ingeniero, su superpoder era el sentido común.

Creó una metodología en la gestión de los anuncios en las redes que no tenía ninguna otra empresa. De hecho, la primera persona a la que contrató fue un doctor en Matemáticas. En aquel entonces eran ignorados. Se les veía en el lado académico y la industria tecnológica no les encontraba el valor que les otorgan hoy en día.

La idea de contratar doctores en Matemáticas —luego llegarían unos cuantos más— se la dio su novia, que era doctora en Física y tenía buenos contactos con la universidad.

Cuando Albert entrevistó a aquel primer candidato, comprendió que era una de las personas más brillantes que había conocido. Tomó la metodología que había ideado Albert y la llevó a otro nivel, creando incluso algoritmos de pujas en el mundo de la publicidad digital. Ahora hay muchas plataformas que lo hacen automáticamente, pero antes cada empresa tenía que programar su propio sistema.

Lograron disparar los resultados de sus clientes, lo cual hizo que empezara a hablarse bien de la empresa. El boca-oreja atrajo a más clientes, sin que tuvieran que anunciarse en ningún sitio. El rendimiento de la inversión publicitaria que se lograba usando su plataforma era extraordinario y eso provocaba un efecto llamada para que otros clientes solicitaran sus servicios.

Cuando la empresa creció lo suficiente, Albert decidió que solo aceptarían un cliente nuevo al año, que debía invertir como mínimo un millón de dólares al mes en la publicidad que gestionaban.

La excelencia de lo que ofreces, en el servicio y en los resultados, es lo que te dará un mercado creciente. No hay campaña de captación que te pueda dar eso.

Su empresa lleva casi veinte años dedicada a rentabilizar el SEM de multinacionales conocidas en todo el mundo. La especialización ha sido un factor clave de su éxito.

En la actualidad sigue siendo una empresa de menos de treinta personas en plantilla. Hacen exactamente lo mismo, pero con más tecnología y a una escala diferente. Cuando empezaron, gestionaban cuentas que se gastaban de 5.000 a 6.000 euros al mes. Hoy gestionan cuentas que se gastan cinco o seis millones al mes en darse a conocer.

Otra de las claves de su éxito, explica Albert, ha sido contratar a las personas correctas. Siguen un proceso fiable que Albert define como a prueba de balas, aunque reconoce que todavía se equivoca alguna vez. Durante años solo contrataban a matemáticos o físicos que tuvieran el doctorado, con esto ya aplicaban un filtro grande. Una vez seleccionados, los nuevos empleados pasaban por dos fases:

1. *Primera fase*. Tiene una duración de un mes, en la que el candidato puede ver cómo es y cómo funciona la empresa. Al final de este primer mes se hace un análisis 360: el candidato evalúa a la empresa y la empresa evalúa al candidato. Si hay una reacción positiva por ambas partes, se pasa a la segunda fase.
2. *Segunda fase*. Tiene una duración de tres meses, en los que hay seis objetivos intelectualmente más potentes que en la primera fase, con las mismas horas de trabajo, pero a un nivel intelectual superior para ver cómo funciona el candidato.

Al final de estos cuatro meses, al candidato se le ofrecen dos meses extra de sueldo si desea irse, aparte de los cuatro que ya ha cobrado. Con este gesto Albert quiere ayudar al candidato a que piense si realmente quiere quedarse o no en la empresa.

A día de hoy, nadie ha tomado el dinero para marcharse.

Cuando tu negocio empiece a crecer, serás tan bueno como las personas a las que contrates. Tu equipo marca el verdadero valor de tu empresa.

En cuanto al día a día de esta exitosa empresa tecnológica, Albert empieza la jornada sentándose tres minutos con cada empleado y les hace tres preguntas: «¿Cómo estás? ¿En qué estás? ¿Cómo puedo ayudarte?».

En las reuniones de equipo, todo el personal tiene que hablar y explicar qué va a hacer ese día. De esta manera nadie se queda aislado y todo el mundo sabe lo que está haciendo la persona que tiene al lado. Así consigue que el equipo esté involucrado.

Un valor fundamental para Albert es la puntualidad, ya que el tiempo es un símbolo de respeto. La reunión semanal del lunes empieza a las 9.12 exactamente. Con una hora tan concreta, nadie llega tarde a una reunión. Es una empresa pequeña, con libertad, pero increíblemente disciplinada.

A partir del martes, las reuniones diarias empiezan a las 9.22, y esto es por dos motivos: el primero es para que los empleados tengan unos minutos para prepararse cuando llegan a la oficina. Además, siempre entran en las reuniones dos minutos antes. Forma parte de su cultura, nunca llegan tarde a una reunión porque es un símbolo de respeto. Sus clientes saben que van a estar siempre presentes dos minutos antes.

Siendo un empresario de éxito, Albert nunca ha dejado de formarse.

Cuando se lo pudo permitir, empezó a participar durante sus vacaciones en programas para empresarios en el MIT y en Harvard, del mismo modo que de joven acompañaba a ponentes. En estos encuentros de verano no solo se aprende a llevar las operaciones de una empresa y a crear una cultura. Albert explica que se encontró con empresarios que lloraban al exponer sus problemas, personas que se habían arruinado antes de conocer el éxito. A veces no había profesores, sino que llamaban a emprendedores que hablaban de sus experiencias reales.

Albert cuenta que en Harvard era el más joven en estos encuentros, estaba rodeado de empresarios que tenían más de cincuenta y cinco años, incluso los había de setenta. Él se sentía un niño y, además, era quien menos facturaba.

Una constante en la vida de Albert ha sido salir de su zona de confort, siempre ha intentado estar en lugares donde se sentía incómodo porque el nivel era demasiado alto. Esto le ha hecho ver cosas que quizá no debería haber visto a su edad, además de conocer a gente con un nivel más elevado que él, y es ahí donde más ha aprendido.

Aprende de quienes han hecho más que tú, pero aprende, sobre todo, de quienes se han equivocado más que tú.

Albert no tiene como única meta hacer crecer su negocio, prefiere crecer lentamente. Su intención es que, cuando trabajan en un proyecto, el cliente perciba que son los mejores en lo que hacen. Ahora lleva dos años apartándose progresivamente del día a día de la compañía. Ha logrado liberarse del 90 % de las operaciones y esto lo ha conseguido gracias a dos cosas igual de importantes:

1. Teniendo a los mejores en el equipo.
2. Dejándoles espacio.

Al final del proceso de creación y crecimiento de una empresa, llega el momento de sustituirte a ti mismo, en el que te desprendes de ella o la dejas en otras manos.

¿Y a qué otras cosas vas a dedicarte una vez has delegado tu empresa a otros?

Para Albert, siempre será seguir creando y seguir formándose.

Cuando aún no era empresario, practicaba con su novia lo que llamaban «domingos creativos». Se dedicaban a lanzar ideas, por locas que parecieran, y tomaban nota de todas las propuestas, registrando incluso dominios web.

En cuanto al aprendizaje continuo, una vez le regalaron unas vacaciones en un complejo de lujo y se las pasó acostado en una tumbona escuchando pódcasts y formándose. Si a Albert le propones ver una película o escuchar una entrevista de un empresario o alguien destacado, siempre preferirá la entrevista, porque para él formarse es su pasión, aquello que realmente disfruta.

Si logras que tu proyecto, tu trabajo de vida, sea para ti más apasionante que la mejor propuesta de placer o entretenimiento, podrás decir que has triunfado.

22

El camino iniciático al éxito

> La sabiduría no puede ser impartida. La sabiduría que un hombre sabio intenta enseñar siempre suena como necedad a otra persona... El conocimiento puede ser comunicado, pero no la sabiduría. Uno puede encontrarla, vivirla, hacer maravillas a través de ella, pero no puede comunicarla ni enseñarla.
>
> Hermann Hesse, *Siddhartha*

Una novela que marcó a millones de jóvenes en el siglo XX fue *Siddhartha*, en la que Hermann Hesse cuenta la búsqueda de la sabiduría por parte de un joven hindú. El autor alemán la completó en 1922, pero tuvo que esperar dos décadas para cosechar un gran éxito. *Siddhartha* se convirtió, entonces, en un modelo para los lectores que buscaban conectar con lo esencial, con explorar nuevas posibilidades en el mundo, aprendiendo de unos y otros a lo largo del viaje de la vida.

Por su carácter de relato iniciático, de descubrir los secretos de la existencia a la vez que uno se hace a sí mismo, es una buena alegoría del camino de quien busca su *ikigai*.

Descontento inicial

«Siddhartha, el agraciado hijo del brahmán, el joven halcón, creció junto a su amigo Govinda al lado de la sombra de la casa». Así comienza la novela, y describe al protagonista como alguien que «ya hacía mucho tiempo que participaba en las conferencias de los sabios. Con su amigo Govinda se entrenaba en las lides de la palabra, en el arte de la contemplación, de saber ensimismarse. Ya podía pronunciar quedamente el "om", la palabra por excelencia».

Todos estaban orgullosos del joven Siddhartha excepto él mismo, pues había empezado a alimentar el descontento en su interior. Sentía que sus maestros, sus amigos y su familia ya le habían dado toda su sabiduría. Él necesitaba algo más, pues «su espíritu no se hallaba satisfecho, el alma no estaba tranquila, el corazón no se sentía saciado».

El primer paso para emprender o salir del camino trillado es esa inquietud que embarga al protagonista de la novela de Hesse. Sentir que hay algo importante que podrías hacer para desarrollarte, que tienes más que entregar al mundo.

La insatisfacción es el disparador de la búsqueda de nuestro propósito.

El viaje de descubrimiento

Siddhartha decide irse con los samanas, hombres religiosos que viven en peregrinación y subsisten con lo que encuentran en el camino. Empieza así su historia de búsqueda espiritual y vital, ya que aprende con ellos a alejarse de su viejo yo por diferentes vías.

En esta segunda fase tomamos conciencia de que el mundo es una escuela, de que hay mucho por descubrir y conquistar más allá de nuestra zona de confort. El poeta griego Konstantínos Kaváfis lo definía así en su poema «Ítaca»:

> *Desea que sea largo el camino.*
> *Que sean muchas las mañanas estivales*
> *en que, con qué alegría, con qué gozo,*
> *arribes a puertos nunca antes vistos*
> *[...] ve a ciudades de Egipto, a muchas,*
> *para aprender de los que saben.*
> *Ten siempre en tu mente a Ítaca.*
> *Llegar allí es tu destino.*
> *Sin embargo, no apresures tu travesía...*

Esta segunda fase es la del aprendizaje a través de la experiencia. Una vez hemos salido de nuestra zona de confort, necesitamos aventurarnos, ver cosas nuevas, equivocarnos, rectificar, asimilar también lo que otras personas tienen que compartirnos.

Son aprendizajes que, a diferencia de los que Siddhartha adquiere en su hogar, deben ganarse en el camino. Como dice Hesse en la novela: «Qué bueno es probar por sí mismo lo que hay que saber, vivirlo en carne propia, no saberlo solo con la memoria, saberlo con mis ojos, con mi corazón, con mi estómago».

Encontrar lo inesperado

Tras la insatisfacción que nos pone en camino y el aprendizaje a través de experiencias y nuevos maestros, hay un tercer clic en el viaje iniciático de las personas creativas.

Requiere crear un espacio para la sorpresa, para que surja aquello que no sabías siquiera que estabas buscando. El joven Siddhartha descubre que «buscar significa tener un objetivo, pero encontrar significa ser libre, estar abierto, carecer de objetivos…».

En el camino iniciático que abordamos en este capítulo necesitas ser libre para encontrar el cisne negro del que hablaba Nassim Taleb. Tal vez iniciaste tu aventura profesional con un objetivo determinado, pero, si estás abierto, quizá descubras algo más importante: el tesoro que estaba en la agenda oculta de tu viaje.

Cisne negro

La teoría de Nassim Taleb, filósofo, ensayista y matemático de origen libanés, es que los eventos de mayor impacto son aquellos que nadie está esperando y que, por lo tanto, solo pueden analizarse a posteriori.

Desde un punto de vista histórico, se suelen citar como cisnes negros el inicio de la Primera Guerra Mundial —a partir del asesinato en Sarajevo del archiduque Francisco Fernando— o los atentados del 11 de septiembre de 2001. Fueron sucesos totalmente inesperados.

En el lado positivo de la realidad, muchas grandes invenciones y éxitos son cisnes negros en el sentido de que nadie podía preverlos. Y justamente porque no los esperaban, encontraron su hueco.

Nuestro primer libro de *ikigai* fue un cisne negro para el mundo y también para nosotros. Tras el trabajo de campo que hicimos en el norte de Okinawa, estudiando el modo de vida de los centenarios y realizando entrevistas, pensamos que el libro que escribiamos era para un pequeño nicho de fanáticos de Japón. Sin embargo, al poco de publicarse, el boca-oreja hizo que se propagara como un reguero de pólvora: Oprah Winfrey lo eligió como libro de la semana en su blog, Pau Gasol lo citó en redes sociales, apareció en la revista oficial del Gobierno japonés y fue el concepto protagonista en anuncios de televisión para atraer el turismo a Japón.

La lección que nos aporta nuestra propia experiencia es que está bien ponerse objetivos —por ejemplo: «Vamos a satisfacer a los amantes de Japón con este nuevo concepto»—, pero no marcarse expectativas ni límites. Hay que dejar sitio para la magia. Quizá te encuentres con un cisne negro por el camino.

Dicho de otro modo: espera lo inesperado.

Pensar por ti mismo

El joven protagonista de Hesse escucha hablar de Gautama el Buda, un místico que ha alcanzado la iluminación. Decide ir en su busca y unirse a él, para que le instruya en el sendero óctuple y en los cuatro pilares fundamentales del budismo.

Sin embargo, tampoco encuentra en él lo que necesita. Por lo tanto, decide seguir su camino, convencido de que la respuesta no está en un grupo o enseñanza religiosa. Así se lo manifiesta a Gautama antes de partir:

> Has encontrado la redención de la muerte. La has hallado con tu misma búsqueda, con tu propio camino, a través de pensamientos, ensimismaciones, ciencia, reflexión, inspiración. ¡Pero no la has encontrado a través de una doctrina! Yo pienso, majestuoso, ¡que nadie encuentra la redención a través de la doctrina! ¡A nadie, venerable, le podrás comunicar con palabras y a través de la doctrina lo que te ha sucedido a ti en el momento de tu inspiración!

En esta cuarta fase, asumimos que está bien escuchar a otros, conocer sus historias, aprendizajes y testimonios. Pero debes pensar por ti mismo, llegar a tus propias conclusiones y construir tu historia. Nadie la puede vivir por ti.

Nada impide aprender de teorías y de gurús, pero debes experimentar tu propio dolor y tu propia alegría para cumplir tu sueño. En esta parte del camino te corresponde ser maestro de ti mismo, escuchando la voz que resuena en tu interior.

Es el momento de la intuición, de asumir riesgos, de trazar un camino propio que tal vez, en el futuro, otros imitarán.

Dejar ir

En cualquier proyecto que nos propongamos, tan importante es acumular aprendizajes y experiencias como dejar ir. Especialmente cuando has recorrido ya un buen trecho de tu andadura, sentirás la necesidad de caminar más ligero.

Esto puede implicar deshacerte de las partes del negocio menos rentables, aplicando la famosa ley de Pareto, según la cual «el 80 % de los resultados viene del 20 % de nuestra actividad». A veces significa incluso separar nuestro camino del de personas que nos han acompañado hasta ahora.

En la novela de Hesse, Siddhartha se aparta de su amigo Govinda para seguir un rumbo propio. Si eres un emprendedor realmente independiente no debes atarte a tus socios. Hay compañeros con los que caminas al inicio de un proyecto. Con otros, lo harás en una etapa determinada o, quizá, solo al final. Aprende de cada uno lo necesario, regálales lo que puedas y agradece ese compartir, ese flujo.

Hay personas ideales para arrancar un sueño y otras que son increíbles para hacerlo crecer. No pretendas que den más de lo que pueden o quieren ofrecer.

El camino que sigues, el horizonte hacia el que vas, es solo tuyo. Como Siddhartha, nadie puede recorrer tu sendero por ti: no pueden vivir tus pruebas ni cometer tus errores y aprender de ellos. Del mismo modo, tú no puedes seguir el suyo.

Cuántas empresas, planes y proyectos se pierden o se estancan porque hay personas que ya no creen en ellos. ¡Déjalas ir!

No te quedes donde no quieras estar y, por el mismo motivo, no obligues a nadie a seguirte.

Un negocio con alma

Tras su larga búsqueda espiritual, Siddhartha se convierte en comerciante. En los ambientes mundanos aprende del amor y de los negocios y, con los años, consigue dinero y una vida cómoda. Sabe todo lo que el dinero puede comprar, pero también aprende a identificar lo que no tiene precio.

Descubre, sorprendido, que cuanto más tiene, menos feliz es.

En esta fase del camino iniciático al éxito, el mensaje es que solo si un proyecto o profesión tiene alma podrá darte la satisfacción que necesitas. Por eso, de manera parecida a como se plantea en *Las enseñanzas de Don Juan*, el misterioso libro de Carlos Castaneda, las preguntas clave serían:

- ¿Lo que estoy emprendiendo tiene alma?
- ¿Es este un proyecto con corazón?

Por supuesto, para levantar un negocio hacen falta recursos, información, conocimiento, mano de obra, horas de trabajo, dinero... Pero necesitamos que la emoción que alentó esa idea, que los valores que la sustentan y la hicieron fuerte, permanezcan para darle vida y significado.

Las ideas que perviven y trascienden, incluso a quienes las han creado, surgen del corazón y de lo que el mundo necesita. Es el cuarto círculo del *ikigai*. Tal vez tienen como propósito desarrollar una comunidad, transformar el mundo, o al menos enseñar, aliviar el sufrimiento, añadir belleza...

Este sentido profundo es el que aporta energía y motivación sin límite a cualquier cosa que hagamos.

Dejar un legado

Hacia el final de su aventura, Siddhartha busca al humilde barquero que una vez le ayudó a cruzar, y se queda admirado por la paz interior que emana. Eso es lo que desea alcanzar, así que decide seguir sus pasos: se queda a vivir y trabajar con él.

Estudiando el río, el buscador obtiene por fin la iluminación: ahora contempla la vida, la unidad de todo. Ayuda a otros a cruzar las aguas, aprendiendo así el verdadero significado de la vida.

- ¿Qué entregarás a los demás a lo largo de tu vida?
- ¿Cuál será el legado que dejes al mundo?
- ¿Cómo quieres ser recordado?

Al ejercer de barquero en el río de la vida, Siddhartha entiende que todo está interconectado. Así como el agua del río acaba en el océano y luego regresa, todas las cosas y todos los seres estamos interconectados sin fin. Todos necesitamos de todos.

El monje vietnamita Thích Nhất Hạnh lo llamaba «inter-ser» en esta reflexión llena de belleza:

> *Si eres poeta, verás claramente que flota una nube*
> *en esta hoja de papel. Sin nube, no habrá lluvia;*
> *sin lluvia, los árboles no crecen;*
> *y sin árboles, no podremos hacer papel.*
> *Para la existencia del papel es esencial la nube.*
> *Si no está la nube, tampoco puede estar el papel.*
> *Así, podemos decir que la nube y el papel inter-son.*

Algo que aprenden las personas de éxito al final de su andadura es que el sentido de la vida no está en lo que recibes sino en lo que das. La verdadera riqueza está en el compartir, incluso cuando ya no estemos aquí para verlo.

Todo aquello que has conseguido a lo largo de los años ganará sentido al ser entregado a otros.

23

El ritmo de la vida: la pasión de un *sideman*

Cuando Toni Mateos tenía doce años, de pronto supo que lo que quería hacer en la vida era tocar la batería. El flechazo surgió mientras asistía a un festival organizado en el teatro de su escuela. Allí vio a un niño menor que él tocar la batería. Toni se quedó paralizado. Nunca ha olvidado la sensación que le transmitió aquel pequeño músico: se lo estaba pasando en grande mientras tocaba. Aquel niño se llamaba Noël Meya y, sin saberlo, le descubrió un mundo.

Para él fue como una llamada divina. Toni lo compara con lo que sus dos tías monjas le responden cuando él les pregunta en qué momento decidieron apartarse de la vida terrenal. Le dicen que recibieron la llamada de Dios. Para él, aquel concierto escolar fue como una llamada inequívoca de que tenía que dedicarse a la música.

Estate atento a las señales. Tu nueva pasión puede aparecer en cualquier lugar si estás receptivo a lo que sucede a tu alrededor.

Después de mucho insistir a sus padres, al cabo de tres años le compraron su primera batería. Probablemente sea el juguete más molesto que existe, así que, para no enfadar al vecindario, la montaron en la trastienda del videoclub que regentaba su familia en el barrio de Gràcia, en Barcelona.

Toni estaba tan obsesionado con aquel instrumento que ensayaba todas las horas posibles. Al salir del colegio, corría al videoclub y se encerraba a tocar. Aprovechaba cualquier hueco para practicar, así que acabó siendo el incordio de todo el edificio. Ya desde sus inicios tuvo clarísimo que quería ser un profesional de la batería. Incansable, siguió estudiando y practicando hasta que falleció su padre.

Él tenía entonces quince años y su madre le pidió que ayudara en el negocio familiar, que ya no era solo un videoclub, sino que también vendían televisores, material tecnológico y alquilaban material audiovisual para eventos y conferencias.

Toni acabó tomando las riendas de la empresa a los diecinueve años, pero en ningún momento dejó de tocar la batería. Mantuvo la motivación gracias a un profesor de batería que le inculcó que «todo depende de las horas de práctica que le dediques». Ese profesor era Salvador Niebla y para Toni fue un faro.

Además, llegaron a sus oídos las conclusiones de dos universidades que decían que para ser experto en cualquier materia o disciplina había que invertir por lo menos diez mil horas de práctica o estudio, como luego popularizaría Malcolm Gladwell en su libro *Fueras de serie*. Para cumplir la regla de las diez mil horas, Toni hizo sus cálculos y vio que si practicaba cuatro horas al día, de lunes a viernes, tardaría diez años en conseguir esa meta y fue a por ello.

Solo alcanzarás la excelencia si tienes un plan a medio o largo plazo. Para conocer tu techo, todo depende de las horas que inviertas en tu sueño.

En aquella época no había una enseñanza reglada y cada baterista tenía que utilizar su intuición y los pocos medios que había, ya que aún no existía YouTube. Toni hacía de forma sistemática una larga serie de ejercicios para mejorar la agilidad y la técnica de las manos y el pie. Para practicar temas, tocaba encima de las canciones de sus bateristas favoritos. Sus referentes internacionales eran Vinnie Colaiuta y Dave Weckl, personajes ilustres que han hecho historia en el mundo de la música. Se fijó en su técnica para llevar a cabo su propio método de estudio, que llegó a ocuparle hasta ocho horas al día de práctica.

A los veinte ya daba algún concierto en el que le pagaban algo de dinero. En aquella época, en Barcelona había mucha demanda de bateristas, sobre todo en bandas de versiones de pop rock, así que empezaron a llamarle para tocar.

El salto lo dio al irse a vivir a Madrid, que era donde estaba la industria. Toni seguía practicando ocho horas diarias y, para relacionarse con los músicos de la capital, se sumaba a las *jam sessions* (encuentros informales de improvisación musical) que se organizaban en diferentes clubes. Así se dio a conocer y pudo tocar con ellos.

Hazte ver. Acude a los lugares donde haya más posibilidades de que un número mayor de gente se entere de tu talento.

Gracias a eso, tras diez años de «hacer cola» esperando que le llegara su turno, le surgió la oportunidad de ganarse la vida como batería profesional. Empezó a salir en giras nacionales e internacionales con artistas conocidos en España y Latinoamérica, como Manuel Carrasco y Miguel Bosé, con quien se fue de gira por México y Cuba.

Con lo que ganaba en cada gira podía vivir unos meses, en los que continuaba practicando ocho horas al día y por la noche actuaba en las *jam sessions*, hasta que volvían a llamarle para otra gira.

Era una vida altamente inestable, ya que Toni no sabía cuándo le iban a llamar para sumarse a un *tour*. Era imposible calcular cuándo trabajaría ni cuáles serían sus ingresos. Para dedicarse a lo que amaba, tuvo que acostumbrarse a la incertidumbre. «Vivir con ella requiere ser fuerte psicológicamente y creer en tu pasión», asegura.

Uno de sus mayores éxitos fue cumplir su sueño particular.

Cuando tenía doce años y vio a aquel niño tocar la batería, tuvo claro que se dedicaría a eso, pero también soñó que tocaría con Alejandro Sanz. En aquel momento era un ídolo de masas y, por lo tanto, una meta casi imposible. Mientras aprendía su instrumento, se lo dijo a todo el mundo y se rieron de él. Nadie creía que fuese a conseguirlo.

No limites tus metas ni escuches los pensamientos limitantes de los demás. En todo caso, la vida ya se encargará de decirte, a través de la experiencia, dónde está el límite.

A medida que iban pasando los años y Toni crecía como músico, aquel sueño le parecía cada vez más cercano. Y un día lo llamaron para tocar con Alejandro Sanz y grabar un disco con él.

Para Toni fue cumplir un hito personal que le hizo sentirse orgulloso de su trabajo. Era como si se cerrase un círculo, porque había llegado a la cumbre que se había marcado. Otro momento estelar de su carrera que recuerda con emoción fue un festival en La Habana, Cuba, acompañando a los artistas más famosos de la canción en español. Reunieron a un millón y medio de espectadores, en uno de los conciertos más multitudinarios de la historia, y él estaba tocando allí.

Desde entonces, Toni Mateos ha grabado para artistas de la talla de John Legend, que tiene un montón de Premios Grammy a sus espaldas, entre muchos otros artistas.

Pero su carrera no estuvo exenta de crisis. En el año 2000, la industria musical se desplomó por dos motivos. El primero fue que la tecnología avanzaba rápido, de manera que cualquier productor, desde su casa, podía montar un disco con un ordenador y sonidos virtuales, que se parecen a un instrumento real, sin necesidad de contratar a músicos para la grabación. Por otra parte, con la aparición de plataformas online, la música pasó a ser prácticamente gratis.

La combinación de las dos cosas se tradujo en que a muchos músicos de sesión ya no los llamaban. En ese momento, Toni pensó que debía reinventarse. Rescataría la profesión de músico de sesión para grabar. Para ello decidió montar su propio estudio de grabación de baterías.

No te acomodes en lo que te ha funcionado hasta ahora. Cada vez que el mundo cambie, tendrás que cambiar con él y reinventarte.

Al ser un estudio especializado en percusión, su batería está siempre microfonada para que, cuando se sienta delante de ella, en un minuto pueda estar grabando. Así el cliente se ahorra todos los costes del montaje y la prueba de sonido. Lo hace online, de manera que puede trabajar con cualquier productor del mundo. Actualmente, el 10 % de su trabajo son conciertos en directo y el 90 % el estudio de grabación. En esta etapa de su carrera se siente bien en el estudio, le motiva que un grupo de China o de Canadá contacte con él para que le grabe la batería.

Tanto en directo como en estudio, Toni Mateos ha logrado mantener el tempo, la precisión, el lenguaje y el ritmo de los grandes bateristas. Nunca ha querido liderar un proyecto, como hizo Phil Collins. Más que un *frontman* («líder de una banda»), se siente un *sideman* («acompañante»). Su felicidad es hacer brillar a los demás.

Como baterista ha llegado a la cúspide de su carrera y sabe que es ley de vida que otros le adelanten. Se alegra de ver a gente joven que toca mejor que él, y los anima diciéndoles: «Luchad por vuestros sueños. Yo lo hice y lo conseguí. Ahora os toca a vosotros».

La cúspide del talento es inspirar a los jóvenes que vienen detrás, aceptando y celebrando incluso que te superen.

24

Las tres semillas del *ikigai* de Luisito Comunica

Luis Arturo Villar Sudek, más conocido como Luisito Comunica, nació en 1991 en Puebla de Zaragoza (México). Durante su juventud, la curiosidad y la imaginación eran sus juguetes favoritos: leía libros y tocaba el piano.

Su sueño era escribir y ser novelista. Con el tiempo, Luisito consiguió publicar varios libros, pero el camino que le llevó a ello no fue en línea recta.

Cuando vemos a alguien que ha conseguido el éxito y la fama, tendemos a asumir que fue algo inmediato y directo, cuando en realidad el camino suele estar lleno de sacrificios, aprendizajes, esfuerzo, perseverancia, baches, curvas y accidentes.

Cuando tenía dieciocho años, subió su primer vídeo a YouTube. Lo grabó en su casa y salía él tocando el piano. Fue subiendo más vídeos en los que explicaba cómo interpretar canciones.

Con este primer canal consiguió una audiencia considerable, pero no fue a más. Lo importante es que ganó experiencia hablándole a la cámara y usando YouTube.

Esta experiencia inicial siendo un adolescente plantó una semilla en su subconsciente que sería clave para su futuro. Ya sabía que era capaz de grabar, subir un vídeo a internet y que lo vieran miles de personas.

Luisito comenta: «Más pronto que tarde descubrí que soy bueno hablándole a una cámara». Saber en qué eres bueno es uno de los cuatro círculos del *ikigai*, y para ir descubriendo aquello en lo que eres bueno o no, lo mejor es probar y aprender cuantas más cosas mejor.

Hacer algo nuevo, aunque sea por probar, es importante porque amplifica la confianza en uno mismo. De repente, algo que pensabas que no sabías hacer pasa al reino de las posibilidades; es una herramienta que quizá uses en el futuro.

Cuando llegó la hora de ir a la universidad, Luisito tenía en mente estudiar Literatura para cumplir su sueño de ser escritor. Sin embargo, un profesor le aconsejó que sería mejor que estudiara Ciencias de la Comunicación.

Luisito nos cuenta cómo sucedió: «Un maestro me dijo: "Si te gusta escribir no estudies Literatura, porque es una carrera que te va a limitar mucho y tú, como tienes más chispa, tienes que escribir con la mentalidad de un periodista contando historias al mundo"».

Estudiar Ciencias de la Comunicación fue la segunda semilla que se plantó en su subconsciente: se dio cuenta de que su sueño de escribir y ser novelista era acertado en el rumbo que le indicaba, pero no en los detalles.

Los sueños que tenemos son guías que nos dan pistas de lo que nos gusta, pero, a menudo, perseguirlos sin reflexionar y sin conocernos a nosotros mismos no es buena idea. En vez de empecinarnos en algo desde un solo punto de vista, es bueno probar diferentes modalidades y perspectivas.

Por ejemplo, si te gusta la música, prueba a tocar un instrumento, componer, cantar, improvisar... Publica tu música en internet, aprende el oficio de la producción musical. Quizá tocar un instrumento te parece lo más atractivo al principio pero tu verdadero talento sea crear una productora musical.

Lo mismo sucede con cualquier otro campo. Si quieres dedicarte a la informática, hoy en día hay decenas de profesiones diferentes relacionadas con los ordenadores. Aprende un poco de todo, cambia de perspectiva cada cierto tiempo, hasta que en ese mundo al que quieres dedicar tu vida encuentres un campo que haga clic en tu corazón.

Estudiar Ciencias de la Comunicación hizo que se abriera una nueva perspectiva en el sueño de Luisito. Aprendió que, además de escribir libros, hay otras formas de contar cosas: historias periodísticas, documentales, entrevistas, letras de canciones, anécdotas que se cuentan con humor, etc.

Durante los años posteriores a sus estudios trabajó como profesor de inglés dando clases a chavales de entre quince y diecinueve años. «Yo fui maestro en una escuela de secundaria de chicos/as expulsados. No los querían en otras escuelas y solo eran aceptados en esta. Era un lugar muy difícil, porque eran chicos rebeldes. Lograr que te escucharan era complicado; además, yo era muy joven», explica Luisito. Con esta experiencia aprendió lo difícil que es comunicar algo cuando a nadie le apetece escucharte. Pero esto le hizo fuerte y le llevó a aprender el arte de la persuasión para ganarse el corazón de una audiencia.

Además, seguía interesado en el mundo de YouTube, y comenzó a ver canales de habla inglesa de youtubers que se ganaban la vida con los ingresos de esta plataforma.

En palabras de Luisito: «Yo veía canales que ganaban dinero, y lo veía como algo muy lejano. Fue un aprendizaje. Sobre todo veía a estadounidenses, y observé que tenían un contenido muy bien producido. Es algo que aprendí en la carrera de Ciencias de la Comunicación: todo lo que veo, ya sea un comercial, un documental o una película, siempre en mi cabeza estoy midiendo los tiempos de producción. Entonces, yo veía el trabajo de estos youtubers y claramente no estaba al nivel de una película, pero sí que era un trabajo complicado que requería días para crear un vídeo. Y pensé: "¡Esto no puede ser gratis, nadie trabaja gratis!". Luego ya investigué los detalles técnicos para activar la monetización en YouTube».

Esta fue la tercera semilla que cambiaría finalmente el rumbo de su vida. Si los canales extranjeros podían ganarse la vida con YouTube, él también podía.

Había descubierto que su *ikigai* es comunicar historias a otros lo mejor posible y que podía ganar dinero dedicándose a ello.

«Eso es lo que me motivó (el dinero), y me dije a mí mismo que algún día podría hacer esto como un trabajo».

Decidió crear un canal en YouTube llamado LuisitoComunica y su primer vídeo, *Entrevistas chistosas sobre talentos*, fue visto por más de un millón de personas. Ya era oficialmente youtuber a tiempo completo. En tan solo tres años consiguió un millón de suscriptores. Su gracia a la hora de entrevistar y contar historias atraía audiencia de todo el mundo.

En esta época inicial se centró en vlogs, en contar cosas curiosas, entrevistar a gente de la calle, etc. También probó a viajar a otros lugares de Latinoamérica, y luego a Europa con su serie de vídeos «Provinciano en Europa».

Sus experiencias viajando activaron una nueva fuente de inspiración.

En 2016 decidió cambiar la temática de su canal a viajes y aventuras por el mundo, centrándose en el análisis de culturas y el estilo de vida de sus gentes. Luisito comenta: «Me encanta viajar. Cuando viajo, intento absorber sus creencias en vez de tratar de inculcarles. Hay que respetar las creencias y las culturas de todo el mundo».

Con los años, después de visitar más de un centenar de países, con un esfuerzo descomunal produciendo más de mil vídeos, dedicando sus días a YouTube, a comunicar, a su *ikigai*, llegó a ser uno de los diez canales hispanohablantes más vistos del mundo, con casi 50 millones de suscriptores. En TikTok e Instagram también acumula decenas de millones de seguidores. Siendo una eminencia en internet, no se ve en un pedestal. Luisito anima a las nuevas generaciones a superarle, abriendo nuevos caminos usando el poder de la creatividad.

El éxito no le llegó de repente. Fue algo que llevó años de dedicación y de producir vídeos que son auténticos documentales. Sus vídeos de viajes y exploración cultural de regiones del mundo son de lo mejor que hay hoy en día.

Tras su éxito rotundo como youtuber, llegó el momento de Luisito de cumplir su sueño de escribir libros. Primero publicó *Lugares asombrosos. Travesías insólitas y otras maneras extrañas de conocer el mundo*, un libro fascinante en el que cuenta algunas de sus aventuras más interesantes por lugares tan exóticos y desconocidos como Kirguistán. Más tarde publicó *Historias perturbadoras. Basadas en hechos reales*.

Luisito sigue experimentando y probando cosas en la vida. Como actor de doblaje, puso voz a varias películas de Sonic y ganó numerosos galardones, entre ellos varios premios MTV. También ha entrado en el mundo de los negocios. Entre otros, ha lanzado una marca de tequila, una empresa de telefonía móvil y ha montado varios restaurantes. Luisito ve estas iniciativas, además de maneras de dar felicidad a sus clientes, como una forma de crear empleo y así añadir riqueza al mundo.

En una de sus visitas a Japón para grabar, Luisito conectó con nuestro amigo Rodrigo Fernández, también residente en Tokio, y ahí lo conocimos.

En nuestro primer encuentro, paseamos con Luisito por el santuario de Meiji. Mientras caminábamos, él hacía preguntas sobre Meiji Jingu y sobre la cultura japonesa en general. Su curiosidad es genuina, indaga hasta que realmente aprende y entiende algo. A veces se paraba a tomar notas, que luego le servirían para producir futuros vídeos o simplemente para aprender.

Él se considera a sí mismo un «reportero informal» y, después de años en este oficio, cada vez tiene un mayor sentido de la responsabilidad. Nos contó que esta responsabilidad por informar lo mejor posible, aun siendo técnicamente un «reportero informal», comenzó a sentirla con especial fuerza tras sus viajes por Venezuela. El corazón de la gente de allí le transmitió un mensaje de «confiamos en ti». Desde entonces, dejó de ver YouTube como un lugar donde subir vídeos sin más. Ahora debía pensar con más profundidad en las consecuencias de lo que comunicaba al mundo. Su misión, su *ikigai*, cobró desde entonces una dimensión con mayor potencial.

En palabras de Luisito: «Me gusta ilustrar y abrir mentes enseñando cosas, esa es la misión de mis vídeos de YouTube, de mis libros y de todo lo que hago».

Dentro de la multitud de *ikigais* que Luisito Comunica cultiva con maestría, su gran secreto es que, con su curiosidad por conocer el mundo, contagia su entusiasmo a todos los que le escuchan.

Reflexión sobre las tres semillas

Las tres semillas que fueron necesarias para iniciar la trayectoria de Luisito fueron:

1. Subir vídeos a YouTube tocando el piano.
2. Seguir la recomendación de un profesor que le aconsejó estudiar Ciencias de la Comunicación.
3. Ver y analizar canales de YouTube de gente que se ganaba la vida con ello.

Estas tres semillas solo fueron el punto de partida. A partir de ahí, fue un camino muy largo: de esfuerzo, dedicación, aprendizaje continuo y perseverancia.

¿Cuáles son tus tres semillas o más que te llevaron o te llevarán al punto de partida de tu *ikigai*? Si no puedes responder a esta pregunta todavía, tienes que seguir aprendiendo cuantas más cosas mejor, acumulando experiencias en la vida que amplifiquen las probabilidades de que encuentres tus semillas.

Luisito subió un vídeo a internet cuando era un adolescente. Ahora ser youtuber es su vida. Empieza con un primer paso, pero sueña en grande.

25
Hacia un mundo lleno de *ikigai* y riqueza

> Solo puedes lograr la verdadera maestría en aquello que amas. No hagas del dinero tu objetivo. En su lugar, persigue aquello que te apasiona y hazlo tan bien que nadie pueda apartar los ojos de ti.
>
> MAYA ANGELOU

El riesgo *ikigai*

En el vertiginoso mundo de la inteligencia artificial, el debate sobre sus peligros a veces se centra en escenarios apocalípticos. La posibilidad de que una superinteligencia se vuelva hostil o que llegue el fin de la humanidad tal como la conocemos son dos ejemplos de «riesgos existenciales» de la IA.

Roman Yampolskiy, un ingeniero informático letón especializado en los potenciales riesgos de la IA, nos invita a reflexionar sobre una amenaza más sutil, pero también importante: el riesgo *ikigai*.

Imagina un mundo donde la IA es el matemático más brillante, el filósofo más profundo, el poeta más evocador, el físico que descubre más nuevas leyes de la naturaleza y gana el Premio Nobel todos los años, el mejor novelista del mundo y el artista más innovador. Ya no seríamos los creadores de las grandes obras de arte, los autores de los descubrimientos científicos que cambian el mundo, ni los pensadores que moldean el futuro de la sociedad. Si las máquinas pueden hacer todo esto de forma más eficiente y creativa, nuestra existencia podría perder gran parte de su razón de ser.

¿Qué le queda al ser humano?

El riesgo *ikigai* postula un futuro en el que la inteligencia artificial es tan avanzada que supera a los humanos en todo, con lo que no tendremos nada que hacer. No es un futuro apocalíptico donde la humanidad se extingue, sino uno en el que nos quedamos sin propósito.

¿Cómo preservar nuestro bienestar y nuestra dignidad como especie? ¿Qué nos hace humanos si nuestras habilidades cognitivas y creativas son superadas por las máquinas? ¿Cómo encontrar significado en un mundo donde la superinteligencia lo hace todo?

Los autores de este libro coincidimos en la importancia del riesgo *ikigai*, pero somos optimistas. Creemos que la IA, al igual que todas las tecnologías que hemos inventado a lo largo de la historia, será algo disruptivo que traerá problemas a los que tendremos que ir adaptándonos, pero que también es algo que mejorará nuestras vidas.

Steve Jobs hizo una analogía en el año 1990 cuando dijo que los ordenadores eran como bicicletas para la mente.[13] En el caso

[13] Fuente: <https://www.themarginalian.org/2011/12/21/steve-jobs-bicycle-for-the-mind-1990/>.

de las herramientas de la IA, podemos verlas como trenes de alta velocidad para acelerar nuestra creatividad y aprendizaje.

Al igual que aquellos que dominaban el uso de los ordenadores y de internet en los años noventa, en un futuro cercano, quien domine el uso de las IA tendrá muchas ventajas.

Una de las claves a tener en cuenta es que debemos ser nosotros quienes conduzcamos el tren de alta velocidad y no al revés. De esta forma mitigamos el riesgo *ikigai*, ya que nosotros dirigimos, es decir, seguimos teniendo un propósito.

Estas son algunas ideas para usar las IA manteniendo nosotros el control:

- En vez de que haga todo el trabajo por ti, pídele que lleve a cabo solo tareas repetitivas y aburridas, y al final dile que te explique lo que ha hecho para aprender y saber cómo ha realizado el trabajo.
- En vez de que haga tus deberes, pídele que ejerza de tutor personal sin darte las soluciones, pero guiándote y explicándote aquello que no terminas de entender. Al final le puedes pedir que te examine para ver si realmente has aprendido.
- En vez de que corrija tus faltas de ortografía, pídele que te dé sugerencias de cambios y te explique la razón por la que estás equivocado.
- En vez de aceptar todo lo que te diga, a veces es bueno debatir con la IA diciéndole que está equivocada, y si tiende a darte la razón, pídele que te dé una perspectiva contraria a la tuya.

Además de aprender a usar las IA de forma productiva, también es importante cultivar las habilidades humanas. La IA puede generar miles de ideas en segundos, pero un humano es quien las conecta con tu experiencia en la realidad y el contexto cultural para crear algo significativo.

En los entornos de trabajo modernos cada vez se valoran más las habilidades blandas (*soft skills*). Por mucha inteligencia o mucho conocimiento que se tenga, a nadie le gusta trabajar con personas cabezotas que no hablan con nadie y que siempre parecen estar enfadadas.

Ejemplos de habilidades blandas que podemos ejercitar:

1. *Escuchar con empatía*: entender las perspectivas de los otros prestando atención.
2. *Inteligencia emocional*: aprender a identificar tanto lo que tú sientes como las emociones de los demás. De esta forma mejorarás tus relaciones y tu comunicación con los otros.
3. *Comunicación efectiva*: saber transmitir ideas, propuestas y conocimientos de forma clara.
4. *Trabajo en equipo y colaboración*: dejar tu ego a un lado y poner al equipo por encima del individuo te hará popular en cualquier situación de la vida donde la colaboración sea clave.
5. *Resolución de conflictos*: un líder es quien apaga más fuegos que nadie, la persona a la que todo el mundo acude cuando las cosas van mal. Si eres bueno solucionando problemas, la gente de tu alrededor comenzará a verte como un líder.

Finalmente, además de aprender a usar las IA y mejorar tus habilidades blandas, proponemos llevar el *ikigai* a aquello que la inteligencia artificial no podrá reemplazar:

1. *Invierte en tus relaciones*: dedica tiempo de calidad a tu familia, tus amigos y tu comunidad. Las conexiones humanas genuinas serán siempre una poderosa fuente de significado.
2. *Encuentra propósito en los pequeños rituales*: el *ikigai* no solo se encuentra en un trabajo que amas, sino también en los pequeños placeres diarios, como tomar una taza de té, cuidar un jardín o leer un libro.
3. *Participa en tu comunidad*: hacer voluntariado, mentorías o simplemente ayudar a un vecino puede darte una gran sensación de propósito y tener un impacto positivo.
4. *Fomenta la creatividad*: involúcrate en actividades artísticas, dibuja, haz manualidades o aprende a tocar un instrumento. Quizá las IA también sean creativas, pero tus habilidades artísticas —con tus defectos humanos— serán siempre únicas e irreemplazables.

Es bueno dedicarse a profundizar en una, dos o tres cosas, volcarse durante años y décadas en algo por lo que sentimos pasión. Pero especializarse de forma ciega, ignorando todo lo demás, es como viajar en tren sin mirar nunca por la ventana. Además, no tendremos ninguna ventaja respecto a la IA u otros expertos en el mismo campo, porque todo el mundo tiene la capacidad de especializarse.

Saber adaptarnos y aprender cualquier cosa es una de las características que define al ser humano y lo diferencia de otras especies.

El ideal está en combinar nuestra misión de hacernos expertos en algo con el cultivo de la cultura general. Cuantas más cosas sepamos del mundo, más poderosa será la fuente de nuestra creatividad.

¿Qué es más interesante: un matemático que solo sabe matemáticas y esa es su única obsesión, o un matemático que investiga y da clases en la universidad, por las noches practica origami con su familia y escribe poesía, los fines de semana construye juguetes únicos para sus hijos y, cuando puede, se escapa a practicar surf con sus amigos?

El novelista Robert A. Heinlein lo expresó mejor que nadie:

> Un ser humano debería poder cambiar unos pañales, planear una invasión, sacrificar un cerdo, dirigir un barco, diseñar un edificio, escribir un soneto, llevar la contabilidad, entablillar un hueso, consolar a los que están cerca de la muerte, seguir órdenes, dar órdenes, actuar solo, resolver ecuaciones, analizar un problema nuevo, esparcir estiércol, programar un ordenador, cocinar una comida sabrosa, luchar con eficacia, morir con gallardía. La especialización es para insectos.

A modo de conclusión, para mitigar el riesgo *ikigai*, en vez de tener como objetivo especializarnos como si fuéramos máquinas, optimizando todo lo que hacemos para intentar ser más productivos que un robot, nuestra misión es ser más humanos que nunca. Valoremos lo que nos hace únicos para encontrar significado en experiencias que una IA nunca podrá tener.

La aceleración del progreso tecnológico nos acerca a las puertas de una era de abundancia, donde los beneficios para nuestra salud y bienestar son potencialmente infinitos, pero ¿qué será del *ikigai* de la humanidad?

Es nuestra misión buscar formas de prosperar con la IA para hacer que nuestras vidas tengan más *ikigai* que nunca.

> Si conoces el camino ampliamente,
> lo verás en todo.
>
> MIYAMOTO MUSASHI

En síntesis, para combatir el riesgo *ikigai*, podemos...

1. Aprender a usar las IA manteniendo el control.
2. Mejorar nuestras habilidades blandas: comunicación, liderazgo, trabajo en grupo, inteligencia emocional...
3. Invertir tiempo y esfuerzo en cosas irreemplazables por máquinas: relaciones humanas, familia, comunidades, hobbies...
4. Es inevitable que nos especialicemos en aquello que nos apasione, pero esa especialización no deber ser nuestro objetivo central. Idealmente, tiene que ser una consecuencia natural de nuestra dedicación a ello a la vez que cultivamos nuestra cultura general.
5. Seamos más humanos que nunca.

Ikigai en empresas y organizaciones

Consideremos ahora el riesgo *ikigai* a nivel de empresa u organización. ¿Qué pasa cuando los empleados de una compañía, los funcionarios de un gobierno o los voluntarios de una organización sin ánimo de lucro sienten que lo que hacen no tiene ningún propósito? El resultado suele ser desastroso.

Cuando presentamos nuestros libros ante asociaciones de empresarios, una pregunta que suelen hacernos los líderes de organizaciones es: «¿Cómo motivar a mis equipos y a mis empleados?».

Unas oficinas agradables, un buen entorno de trabajo y una buena cultura de empresa son aspectos importantes que contribuyen al bienestar de una organización. Pero si los miembros de un equipo no tienen claro el propósito principal, la razón por la que se presentan cada día a trabajar, con el tiempo terminarán sintiéndose vacíos y querrán escapar a otro lugar.

Nuestra respuesta siempre es: «La mejor forma de motivar a todos es comunicar con claridad cuál es el propósito, cuál es el *ikigai* por el que tu empresa existe».

Además de definir y presentar la misión y la visión en la web y los documentos corporativos de tu empresa, es importante establecer el *ikigai* de tu organización.

Desde aquellos que se han unido ayer hasta aquellos que llevan años y son líderes de una organización, absolutamente todos deberían poder responder a la pregunta de inmediato: «¿Cuál es el *ikigai* de tu organización?».

No solo los directivos y los empleados se sentirán diferentes cuando vayan a trabajar; el mensaje de un *ikigai* bien definido también llegará al corazón de los clientes.

Algunos ejemplos famosos:

- Patagonia: «Proteger nuestro planeta».[14]
- Apple: «Contribuir al mundo creando herramientas para la mente que impulsen el progreso de la humanidad».[15]
- L'Oréal: «Empoderar a las personas para que se sientan seguras y valiosas a través de la belleza».
- Tesla: «Acelerar la transición global hacia la energía sostenible».[16]

Cuando sabemos la razón por la que trabajamos, de repente estamos dispuestos a hacer sacrificios. Y estos nos darán satisfacción porque sabemos que estamos aportando algo al mundo.

No tienes por qué dirigir una gran empresa. Por sencillo que parezca un proyecto en equipo (una academia, una startup con dos o tres miembros, una asociación de voluntarios, una cafetería, etc.), siempre es bueno establecer un *ikigai* común.

Si te faltan ideas y no logras definir un buen *ikigai* para tu proyecto, prueba a responder a estas dos preguntas:

- ¿Por qué hacemos lo que hacemos?
- ¿Qué valor está aportando nuestra organización al mundo?

---

[14] «Protect our home planet». Fuente: <https://www.patagonia.com/core-values/>.

[15] «To make a contribution to the world by making tools for the mind that advance humankind». Fuente: <https://www.inc.com/jim-schleckser/apple-s-boring-mission-statement-and-what-we-can-learn-from-it.html>.

[16] «Accelerating the Worlds transition to sustainable energy». Fuente: <https://www.tesla.com/about>.

El optimismo es la mejor medicina contra el riesgo *ikigai*, tanto para las organizaciones como para la sociedad en general. Pensemos en objetivos, propósitos y misiones que nos hagan soñar con un futuro mejor.

La pirámide de la felicidad con *ikigai*

Vamos a proponer una pirámide para mitigar el riesgo *ikigai* que nos será útil cuando tengamos que tomar decisiones.

¿A qué damos prioridad a la hora de construir tanto nuestra vida personal como la sociedad en general? Si priorizamos mal, construyendo la pirámide por la cima, quizá ganemos satisfacción cotidiana buscando placeres uno tras u otro, pero por dentro terminaremos sintiéndonos miserables.

Construye primero la base de tu *ikigai*: ¿por qué haces lo que haces, tanto a nivel de familia como de amigos, trabajo y hobbies? Si tienes claro el *ikigai*, obtendrás los fundamentos para mantener la estabilidad de tu vida durante años e incluso décadas.

Luego piensa en cómo mejorar tu satisfacción y bienestar: ¿qué haces y qué tienes ahora que podrías mejorar? Por ejemplo: ¿podrías mudarte a un lugar donde tendrías más bienestar? ¿Podrías cambiar de trabajo a algo mejor? ¿Estás satisfecho con tu vida familiar? ¿Puedes mejorar tus hábitos para tener una vida más saludable? ¿Qué puedes estudiar para cultivar más tu espíritu?

Una vez tengas claros los dos primeros niveles, hasta el punto de que ni siquiera pienses en ellos, podrás disfrutar sin preocupaciones de los placeres de la vida.

LA PIRÁMIDE DE LA FELICIDAD CON *IKIGAI*

26

Otra forma de éxito

No es algo malo celebrar una vida sencilla.

J. R. R. Tolkien

Slow life

Reflexionemos sobre la definición de éxito que dimos al comienzo de este libro: «Éxito es ganar dinero con propósito, haciendo aquello que nos realiza a la vez que aportamos valor al mundo». Cuando decimos «ganar dinero con propósito», no tiene por qué ser mucho, pero sí suficiente para cumplir tus sueños y llevar un estilo de vida acorde con lo que te haga feliz.

¿Estás forzando un estilo de vida solo por las apariencias? Quizá estás cambiando a puestos de trabajo mejor pagados y de más responsabilidad, aunque no te guste lo que haces, solo por el qué dirán. No quieres que otros piensen que vas a menos y tienes que mostrar a la sociedad que consigues siempre más y más. O quizá has elegido una carrera siguiendo el mismo criterio, solo porque es algo que está bien visto y es admirado por los demás.

Seguir estos caminos dictados por otros únicamente nos

traerá complicaciones; y quizá ganemos mucho, pero será dinero sin propósito. La pregunta clave que debemos hacernos es: ¿qué tipo de estilo de vida llevaría si nadie me juzgara?

FIRE

Imagina que un día no tienes que trabajar para pagar tus cuentas, sino que eliges trabajar porque quieres, no porque lo necesites. Esa es la esencia del FIRE, acrónimo de *Financial Independence, Retire Early* («Independencia Financiera, Retiro Temprano»).

El FIRE es un movimiento que aboga por liberarse de las cadenas de la dependencia económica y tomar el control de tu tiempo. No se trata de ganar dinero y jubilarse joven para no hacer nada. De hecho, una de las lecciones que aprendimos de los japoneses más longevos del mundo es que nunca hay que retirarse en el sentido de abandonarlo todo, sino que debemos mantenernos siempre activos. Aunque FIRE incluye la palabra «retiro», en realidad es una filosofía que promueve la intencionalidad a la hora de elegir nuestro estilo de vida: priorizando nuestros valores y metas personales.

Hay muchas formas de alcanzar el FIRE, pero el método fundamental que se defiende en comunidades online consiste en ahorrar e invertir durante años hasta que tus inversiones generen suficientes ingresos pasivos como para cubrir tus gastos de por vida. Una vez alcanzas este punto, puedes seguir trabajando en lo mismo de siempre o virar y dedicar tus esfuerzos a otras cosas.

Sigas trabajando o no, lo importante es que sentirás libertad, ya no estarás obligado. Serás libre y dueño de tu destino.

El movimiento FIRE no es de talla única. Hay diferentes enfoques según tus metas, tu capacidad de ahorro y el sacrificio que quieras hacer:

1. FIRE delgado (*Lean FIRE*): implica vivir con gastos bajos y ahorrar lo suficiente para cubrir un estilo de vida frugal durante el resto de tu existencia. Es ideal para quienes están dispuestos a reducir sus gastos al mínimo y priorizar la libertad por encima de las comodidades.
2. FIRE tradicional: se busca un equilibrio e implica ahorrar lo suficiente para mantener un estilo de vida cómodo y similar al de la clase media. Es el enfoque más común, ya que permite cierta flexibilidad sin un sacrificio extremo.
3. FIRE grueso (*Fat FIRE*): este es para quienes quieren jubilarse con un estilo de vida más lujoso e implica ahorrar más. Es ideal para quienes desean mantener un nivel de gasto alto sin trabajar.
4. FIRE barista: se trata de un híbrido con el cual alcanzas la independencia financiera, pero sigues trabajando a tiempo parcial o en un empleo menos estresante (por ejemplo, barista) para cubrir algunos gastos básicos como el seguro médico, etc.

La cantidad de dinero que necesitas para conseguir cada uno de estos objetivos FIRE dependerá del país donde estés y del estilo de vida que lleves. Para calcular tu «cifra FIRE» (cantidad que necesitas ahorrar para tener la opción de retirarte) se suele utilizar la regla del 4 %: puedes sacar y gastarte un 4 % de tu dinero cada año sin peligro de que te quedes sin blanca durante al menos treinta años.

Para calcular tu cifra FIRE:

- Paso 1: Determina tus gastos anuales. Por ejemplo, digamos que gastas 40.000 dólares al año.
- Paso 2: Multiplica tus gastos anuales por 25 para obtener tu cifra FIRE. En este caso: 40.000 × 25 = 1.000.000. Esto significa que, una vez tengas un millón de dólares, asumiendo que ese dinero está bien invertido (retorno medio del 7 % anual), podrás dejar de trabajar y gastarte 40.000 dólares al año sin miedo a quedarte sin nada durante al menos treinta años.

Quizá eres más frugal que en el ejemplo anterior y te llega con 20.000 dólares. En este caso: 20.000 × 25 = 500.000. Tu cifra FIRE sería medio millón. El camino al FIRE es algo dinámico. Revisa tus metas, gastos e inversiones regularmente y ajusta según los grandes cambios y las fases en la vida (matrimonio, hijos, mudanzas, etc.).

La mentalidad del FIRE no consiste en tener una ambición desmedida por ganar cantidades de dinero exageradas. El enfoque se centra en reducir gastos innecesarios y ser coherente a la hora de ahorrar e invertir. Se podría ver como el cuento de la hormiga y la cigarra: la hormiga hace un sacrificio en el presente para conseguir algo mejor en futuro.

Si has llegado a este punto y sigues con dudas sobre cómo combinar tu *ikigai* y tu vida profesional, te aconsejamos establecer el FIRE como un *ikigai* inicial.

Puedes empezar hoy: calcula tu cifra FIRE, ajusta tus gastos e invierte sabiamente. A partir de mañana, al ponerte a trabajar sabrás que tu propósito es llegar a tu cifra FIRE.

Tu libertad está más cerca de lo que crees.

La vida sencilla

En una playa de Tailandia, un pescador local descansaba en su pequeña barca tras haber salido a pescar. Todavía eran las diez de la mañana, pero ya había pescado lo necesario para todo el día, lo suficiente para la cena de su familia y algo más para vender en el mercado local.

De pronto, un hombre adinerado que se alojaba en un hotel de lujo paseaba a la vez que revisaba su correo en la pantalla de su smartphone. Al ver al pescador relajado tan temprano, no pudo contener su curiosidad.

—Oye, amigo, ¿por qué estás aquí sentado en lugar de pescando? —preguntó ajustándose las gafas de sol—. Tienes una barca decente y parece que sabes lo que haces.

El pescador sonrió y respondió con calma:

—Ya pesqué lo que necesito para hoy. Desayuné con mi familia, acompañé a mis hijos al colegio, y ahora descanso un poco antes de preparar la comida. ¿Para qué más?

El viajero, acostumbrado a maximizar cada minuto, frunció el ceño y dijo:

—¡Deberías pensar en grande! Si pescas más horas, venderás más peces y ganarás más dinero. Con eso podrías comprar una barca más grande, tal vez con motor. Y así pescarías más y tendrías más ingresos.

El pescador ladeó la cabeza, y preguntó con curiosidad:

—¿Y para qué quiero más ingresos?

—Con más dinero podrías contratar a otros pescadores, tener una flota. Serías el dueño de un negocio pesquero. En unos años podrías estar dirigiendo una empresa millonaria desde una oficina, ¡como yo! Tendrías acciones, inversiones, todo eso. ¡Serías rico!

—¿Y luego qué?

—Luego podrías relajarte —respondió el viajero—. Tendrías todo el tiempo del mundo para estar con tu familia y disfrutar de la playa.

El pescador sonrió y, con la mirada perdida en el horizonte, respondió:

—¿No es eso lo que ya estoy haciendo?

El viajero, desconcertado, se preguntó si estaba persiguiendo algo que aquel pescador ya tenía. Se quedó en silencio y, tras guardarse su smartphone en el bolsillo, se sentó a tomar un té con el pescador.

Esta es nuestra versión de la famosa «Historia del pescador y el hombre de negocios». Su origen parece remontarse a las *Vidas paralelas* de Plutarco, en la sección en la que cuenta la vida de Pirro.

Es interesante ver que la tendencia a complicarnos la vida para conseguir más y más, sin saber bien por qué, es algo que nos concierne desde hace miles de años.

Así lo contó Plutarco en el siglo II d. C.:

—Preguntas, oh Cineas, una cosa bien manifiesta; porque, vencidos los romanos, ya no nos quedaba allí ninguna ciudad, ni bárbara ni griega, que pueda oponérsenos; sino que inmediatamente seremos dueños de toda Italia, cuya extensión, fuerza y poder menos pueden ocultársete a ti que a ningún otro.

Detúvose un poco Cineas, y luego continuó:

—Bien; y tomada Italia, oh rey, ¿qué haremos?

Y Pirro, que todavía no echaba de ver adónde iba a parar, le dijo:

—Allí cerca nos alarga las manos Sicilia, isla rica, muy poblada y fácil de tomar: porque todo en ella es sedición, anarquía de las ciudades e impudencia de los demagogos desde que faltó Agatocles.

—Tiene bastante probabilidad lo que propones —contestó Cineas—, ¿pero será ya el término de nuestra expedición tomar Sicilia?

—Dios nos dé vencer y triunfar —dijo Pirro—, que tendremos mucho adelantado para mayores empresas; porque ¿quién podría no pensar después en África y en Cartago, que no ofrecía dificultad, pues Agatocles, siendo un fugitivo de Siracusa y habiéndose dirigido a ella ocultamente con muy pocas naves, estuvo a punto de tomarla? Y dueños de todo lo referido, ¿podrá haber alguna duda en que nadie nos opondrá resistencia de los enemigos que ahora nos insultan?

—Ninguna —replicó Cineas—, sino que es muy claro que con facilidad se recobrará Macedonia y se dará la ley a Grecia con semejantes fuerzas; pero después que todo nos esté sujeto, ¿qué haremos?

Entonces Pirro, echándose a reír, le dijo:

—Descansaremos largamente y, pasando la vida en continuos festines y en mutuos coloquios, nos holgaremos.

> Después que Cineas trajo a Pirro a este punto de la conversación, le dijo:
>
> —¿Pues quién nos estorba, si queremos, el que desde ahora gocemos de esos festines y coloquios, supuesto que tenemos sin afán esas mismas cosas a que habremos de llegar entre sangre, muchos y grandes trabajos y peligros, haciendo y padeciendo innumerables males?

¿Quieres ser el pescador o el hombre de negocios? ¿Quieres ser Pirro o Cineas?

La ambición sin sentido nos ciega. Quizá ya tengamos todo lo que deseamos, pero no nos hemos detenido a disfrutarlo. Como dijo Morgan Housel:

> En una fiesta ofrecida por un multimillonario en Shelter Island, Kurt Vonnegut le informa a su amigo, el autor Joseph Heller, que su anfitrión, un administrador de fondos bursátiles, había ganado más dinero en un solo día de lo que Heller había ganado con su popular novela *Catch-22* en toda su vida. Heller respondió: «Sí, pero yo tengo algo que él nunca tendrá... suficiente».

Aprendamos a discernir cuándo es suficiente.

No debemos confundir ego con propósito. No es lo mismo pensar: «Quiero tener un impacto positivo en el mundo», que darse aires pensando: «Quiero tener un impacto positivo en el mundo porque así seré admirado y me sentiré importante».

La vida sencilla también puede tener glamour.

David Beckham, que se ganó la vida durante años jugando al fútbol y vendiendo su imagen en publicidad, ahora disfruta plantando zanahorias y todo tipo de verduras en su huerto.

Thomas Jefferson, el tercer presidente de los Estados Unidos de América, era un apasionado jardinero. La jardinería fue una constante durante toda su vida, se podría decir que fue su verdadero *ikigai*, por encima de su dedicación a la política.

Puyi, el último emperador de China, también acabó sus días entregado a la jardinería.

Y el filósofo Cicerón, que vivió en el siglo I a. C., dijo: «Si tienes un jardín y una biblioteca, tienes todo lo que necesitas».

¿Por qué llegaron todos ellos a la conclusión de que un jardín les aportaría felicidad?

Quizá porque todo lo que necesitas sea un trabajo con el que sientas que añades valor al mundo, un hobby que te apasione, y una familia y amigos a los que querer.

Vivimos en una sociedad que quiere exprimirnos más y más sin dejarnos respirar, pero no hacer nada, o tomarse las cosas con calma, también es válido.

La actitud lo es todo. Hay camareros que trabajan todo el día de mal humor viendo a los clientes como enemigos, mientras que otros llevan alegría a todos los comensales. Hay pescadores felices que aman el mar y otros son tan infelices que desean volver a casa nada más salir a navegar. Hay hombres de negocios que aman su trabajo y otros que odian cada minuto en la oficina.

Hirayama, el protagonista de *Días perfectos* (*Perfect Days*), se dedica a limpiar letrinas públicas en Tokio. No se queja en ningún momento, limpia cada váter con pasión y dedicación. Cuando vuelve a casa, lee libros tumbado en su tatami hasta que se queda dormido. Disfruta de cada momento de su día. Aunque no está libre de desgracias porque le falta el amor en la vida. A pesar de eso, de todos los personajes que aparecen en la película, es el más feliz.

Hirayama nos recuerda a Sabu-san, un hombre que vive en Okinawa. No es de los más longevos, tiene cincuenta y cinco años, pero lleva una vida sencilla y su sonrisa y su actitud calmada son contagiosas. Dejó su trabajo en un supermercado hace tiempo y desde entonces se dedica a pasear perros. Cada día, sin importar si llueve o hay un sol aterrador, él sale a recoger a los perros de varias casas del barrio y los pasea durante horas, sin prisas, dando cariño a cada uno de los animales.

Sabu-san no necesita más, es feliz paseando perros.

Los 10 principios del *ikigai* del dinero

1. **Éxito es poder hacer lo que quieras cuando quieras**
   El dinero que posee una persona no es una buena medida del éxito. Para calcular el éxito es mejor considerar la capacidad que tiene para hacer lo que quiera cuando lo desee.

2. **El dinero es tiempo**
   ¿Cuánto vale una hora de tu vida? Alguien puede cancelar una deuda que tiene contigo o pagarte un millón de euros, pero nadie podrá devolverte el tiempo perdido.

3. **Usa el dinero con la intención correcta**
   El dinero es más poderoso cuando se utiliza con un objetivo claro, alineado con tu propósito personal y con un bien mayor. Define qué significa el dinero para ti y cómo puede servir a tus valores. Una vez sepas el *ikigai* de tu dinero, podrás transformar cada decisión financiera en una oportunidad para ayudarte no solo a ti mismo, sino también a los demás.

   El dinero te servirá a ti, en vez de ser tú esclavo del dinero.

4. **La ley del pensamiento abundante**
   El pensamiento de escasez nos paraliza. Nos lleva a sobreanalizar ideas que nunca llevaremos a cabo. Sentiremos celos y envidia del éxito de los demás en vez de celebrarlo.

   En cambio, el pensamiento abundante es creer que siempre hay de sobra para todos. Si pensamos así, seremos más creativos y nos animaremos a pasar a la acción. También resultaremos más atractivos; los demás querrán trabajar con nosotros y florecerán las colaboraciones y las oportunidades.

5. **¡Hazlo!**
   El lema de Nike: *Just do it* («Simplemente hazlo»), es una de las leyes fundamentales no solo del dinero, sino para la vida en general. Solemos arrepentirnos más de aquello que nunca hicimos que de lo que llevamos a cabo y nos salió mal. El coste de no hacer algo es muchas veces mayor que el coste de elegir de forma equivocada. Si tenemos el coraje de seguir adelante, aunque estemos llenos de dudas, aunque no salga del todo bien, siempre aprendemos y cada experiencia nos transformará como personas.

6. **Imagina que el dinero es energía**
   En muchos lugares de Asia el dinero es algo espiritual, tiene energía positiva o negativa según se haya ganado de forma honrada o no. Y también según el propósito con el que se vaya a usar.

Dependiendo de la energía que tenga, el dinero nos puede dar felicidad o infelicidad. La generosidad, la compasión y el esfuerzo por ayudar a otros son generadores de buena energía. Cuanto más des al mundo, más recibirás a cambio.

7. **Cuidado con las falacias, no te dejes engañar**
Para reducir el esfuerzo que se necesita para tomar decisiones, los seres humanos tendemos a caer en trampas mentales. Un ejemplo sería: «Si ya he invertido tanto dinero o tiempo en esto, no puedo abandonar». En realidad, es un autoengaño: podemos abandonar en cualquier momento. Vuelve al capítulo 7, revisa la tabla del final y escribe un diario con las falacias que descubras cada día.

8. **Equivócate en la dirección correcta**
Tal y como dice el refrán japonés: «Si caes siete veces, levántate ocho». Las ideas abundan; pasar a la acción para hacerlas realidad es lo que marca la diferencia. Actuar es la única forma de equivocarnos y aprender. Quien nunca se equivoca, nunca aprende. Cada paso en el camino es una oportunidad para recalibrar la dirección en la que apuntamos.

9. **Sé útil y añade valor**
Un factor común de los testimonios que hemos contado a lo largo del libro es que el éxito no llegó de inmediato. Antes de nada, se dedicaron a cultivar su compe-

tencia para ser útiles. Solo después de haber construido unos fundamentos sólidos de conocimiento a base de prueba y error, encontraron maneras de ayudar a otros.

Aporta al mundo siendo útil y asistiendo a los demás. Ayudar está al alcance de todos. Es algo con lo que puedes empezar hoy. Aprende cosas para ser más competente y piensa en cómo puedes ayudar a un compañero de trabajo, a un familiar o a un amigo. Y si no se te ocurre nada, simplemente pregúntales: «¿Cómo te puedo ayudar hoy?».

10. **Dinero con *ikigai***

El solo hecho de hacer crecer las cifras en nuestras cuentas de ahorro no nos hará sentir más felicidad. Esta es la pregunta fundamental que debemos hacernos en todo momento: ¿es dinero con *ikigai* o sin *ikigai*?

Si al mismo tiempo que ahorramos también usamos nuestra riqueza para proveer a nuestra familia, para crecer como personas, para contribuir y ayudar al mundo, de repente el dinero adquirirá propósito.

Y este *ikigai* del dinero nos impulsará a ser mejores personas, a ser más resilientes y a seguir adelante, pase lo que pase. Si sabemos por qué, para quién y para qué dedicamos nuestros esfuerzos cada día, estaremos viviendo con *ikigai*.

Agradecimientos

Muchísimas gracias por compartir con nosotros vuestro tiempo, vuestras historias de éxito y transiciones a Luisito Comunica, Car me Ruscalleda, Amin Sheikh, Honey, Toni Mateos, Javier López, Dídac Lee, Vilma Núñez, Mina Sohn, Victor S. Nunnemaker, Albert y Andrés Pascual.

A Isadora Puiggené, por su valiosa ayuda en las entrevistas de este libro y sus transcripciones.

Gracias a Anna Sólyom, Álex Rovira, Sonia Fernández-Vidal, Shashi Tharoor, Neil Pasricha, Xavier Verdaguer, Vicente García, Rosa Puigcerver, Rodrigo Fernández, Aitor García, Ramón Gandía, Carlos García-Gutiérrez, Luis Garrido, Carlos Donderis, Pablo Moreno, Manuel Cebrián y Victoriano Izquierdo, por vuestra ayuda, cariño y consejo.

Nuestro agradecimiento a Sandra Bruna y su equipo, a John Siciliano de Penguin USA, al equipo de Penguin España —gracias, David Trías y Mónica Adán—, y a todos nuestros editores en el mundo.

Y, por supuesto, a los lectores que nos inspiran con su entusiasmo.

Bibliografía

Ferguson, Niall, *The Ascent of Money: A Financial History of the World: 10th Anniversary Edition*, Penguin Books UK, 2009. [Hay trad. cast.: *El triunfo del dinero. Una historia financiera del mundo*, Barcelona, Debate, 2024].

Ferriss, Tim, *The Four Hour Workweek*, Nueva York, Crown Publishing, 2007. [Hay trad. cast.: *La semana laboral de 4 horas*, Barcelona, RBA, 2010].

Graeber, David, *Debt: The First 5000 Years*, Londres, Melville House, 2011. [Hay trad. cast.: *En deuda: Una historia alternativa de la economía*, Barcelona, Ariel, 2021].

Hesse, Hermann, *Siddhartha*, Barcelona, Debolsillo, 2012 (1922).

Housel, Morgan, *The Psychology of Money*, Harriman House, 2020. [Hay trad. cast.: *La psicología del dinero*, Barcelona, Booket, 2023].

Kahneman, Daniel, *Thinking, Fast and Slow*, Nueva York, Farrar, Straus and Giroux, 2011. [Hay trad. cast.: *Pensar rápido, pensar despacio*, Barcelona, Debate, 2013].

Leider, Richard J. y Shapiro, A., David, *Repacking Your Bags: Lighten Your Load for the Rest of Your Life*. [Hay trad. cast.: *Rehaga su equipaje: ¿Le hace feliz su viaje por la vida?*, Madrid, Editorial Universitaria Ramón Areces, 2002].

Leighton, Ralph, *What Do You Care What Other People Think?*, W. W. Norton (US), 1988.

Miralles, Francesc, y García, Héctor, *Ikigai. Los secretos de Japón para una vida larga y feliz*, Barcelona, Urano, 2016.

—, *El método Ikigai. Despierta tu verdadera pasión y cumple tus propósitos vitales*, Madrid, Aguilar, 2023.

—, *El pequeño Ikigai. Cómo encontrar tu camino en la vida*, Barcelona, Destino, 2021.

Pasricha, Neil, *The Happiness Equation: Want Nothing + Do Anything = Have Everything*, Random House UK, 2016. [Hay trad. cast.: *La ecuación de la felicidad*, Málaga, Sirio, 2017].

Voss, Chris, *Never Split the Difference: Negotiating As If Your Life Depended On It*, Nueva York, Harper Business, 2016. [Hay trad. cast.: *Rompe la barrera del NO. Negocia como si te fuera la vida en ello*, Barcelona, Conecta, 2016].